本著作系以下项目的研究成果：

2021 年江西省高校人文社会科学研究项目《新时代江西青少年体育赛事融合难点与突破路径研究》（TY21209）；

中央高校基本科研业务费资助成果"Supported by the Fundamental Research Funds for the Central Universities"（编号 CCNU20A03001）；

2021 年江西省基础教育研究课题《江西中小学体育赛事体系困境与体教融合路径研究》（SZUYSTY2021-1019）；

2022 年江西省社会科学基金项目《内生外联："双减"政策下学校体育高质量发展的生态重构》（22TY19D)；

2022 年江西省教育规划项目《江西青少年体质健康促进政策 40 年：演变历程、现实问题及推进策略》（22YB336）

青少年体育竞赛体系研究

QINGSHAONIAN
TIYU JINGSAI TIXI YANJIU

郭晓琴　李双莉　著

贵州大学出版社
Guizhou University Press

·贵阳·

图书在版编目（CIP）数据

青少年体育竞赛体系研究 / 郭晓琴，李双莉著．

贵阳 : 贵州大学出版社，2024．7. -- ISBN 978-7-5691-0955-9

Ⅰ. G808.17

中国国家版本馆 CIP 数据核字第 2024G02H40 号

青少年体育竞赛体系研究

著　者：郭晓琴　李双莉

· ·

出 版 人：闵　军

责任编辑：但明天

内文排版：方国进

· ·

出版发行：贵州大学出版社有限责任公司

　　　　　地址：贵阳市花溪区贵州大学东校区出版大楼

　　　　　邮编：550025　电话：0851-88291180

印　　刷：武汉鑫金星印务股份有限公司

开　　本：720 毫米 ×1000 毫米　1/16

印　　张：14.25

字　　数：207 千字

版　　次：2024 年 7 月第 1 版

印　　次：2024 年 7 月第 1 次印刷

· ·

书　　号：ISBN 978-7-5691-0955-9

定　　价：75.00 元

前　言

　　新时代背景下，国家和社会对青少年体育工作的发展有了新的认识和部署。《国务院办公厅关于强化学校体育促进学生身心健康全面发展的意见》（国办发〔2016〕27号）及中共中央、国务院印发《"健康中国2030"规划纲要》，到2020年国家体育总局和教育部《关于深化体教融合 促进青少年健康发展的意见》（体发〔2020〕1号），再到2020年中共中央办公厅、国务院办公厅印发《关于全面加强和改进新时代学校体育工作的意见》，党和国家如此高频度地颁发政策文件，意味着国家对青少年健康成长问题越来越重视。体教融合作为中共中央、国务院的重大决策部署，对新时代我国教育和体育工作进行了全面部署和顶层设计，明确指出学校体育要紧扣"教会、勤练、常赛"的核心要求，完善教学、训练和竞赛体系，为实现高质量体教融合提供有力支撑。完善青少年体育竞赛体系是落实体教融合的关键一环，是优化竞技体育后备人才培养体系的具体实践向度，亦是助力学校体育高质量发展的重要保障。然而，在我国的青少年体育竞赛体系中，仍然存在着许多亟待解决的关键问题和现实的局限性问题。因此，在建设教育强国、健康中国和体育强国的新时代背景下，厘清阻碍当前青少年体育竞赛体系发展的关键问题，提出中国式现代化的青少年体育赛事体系的构建思路，对实现高质量体教融合具有重要的现实意义。

　　本书共分为五章，第一章为导论，重点阐述研究的背景，青少年体育竞赛体系的相关概念、理论基础、现代化的价值向度等，便于广大读者更好地了解青少年体育竞赛体系的有关理论；第二章对国内外相关研究进行综述，总结青少年体育竞赛体系的研究热点和趋势；第三章对我国青少年体育赛事概况和竞赛管理体系的现状进行深入分析，并以足球和篮球为项目案例，以江苏和江西为区域案例进行具体案例分析，便于读者更深入地了解我国青少年体育竞赛体系的发展现状；第四章在全面分析现状的基础上，剖析我国青少年体育竞赛体系存在的现实困境；第五章是基于现状和困境剖析，从多元共治层、赛事系统、学校体育赛事体系和竞赛保障体系四个层面提出青少年体育竞赛体系现代化的发展路向。

本书由郭晓琴（豫章师范学院）和李双莉（华中师范大学），共同完成编写工作。其中，郭晓琴负责本书第一章、第二章、第五章内容的编写以及整书的统编，共计 10.5 万字，李双莉负责第三章、第四章内容的编写，共计 10.2 万字。

本书结构清晰，内容较全面，参考了大量的文献资料和体育部门官网资料，力求数据准确真实，也采用了案例的形式力求理论与实践相结合，但由于著者水平有限，创新能力不强，不当之处，在所难免，欢迎专家、学者们批评和指正。

郭晓琴

2023 年 7 月 30 日

目　　录

第一章　导论

第一节　研究背景

新时代背景下，国家和社会对青少年体育工作有了新的认识和部署。2016年国务院办公厅印发《关于强化学校体育促进学生身心健康全面发展的意见》（国办发〔2016〕27号）及中共中央、国务院印发《"健康中国2030"规划纲要》[1]。2020年9月，经国务院同意，国家体育总局和教育部联合印发《关于深化体教融合 促进青少年健康发展的意见》（体发〔2020〕1号，以下简称《意见》）。2020年10月，中共中央办公厅、国务院办公厅印发《关于全面加强和改进新时代学校体育工作的意见》，国家频繁发布相关政策文件表明，国家对青少年的健康发展给予了更多的关注，也揭示了我国体育领域仍有许多需要改进的地方。

改革开放40多年来，我国青少年体质健康促进政策经历了恢复重构、探索提高、改革发展、顶层设计与协同创新四个阶段，在演化发展历程中不断得到健全和完善，然而我国学生体质健康测试数据显示，青少年体质健康依然不容乐观。青少年体质健康问题是我国乃至世界各国面临的共同难题，相关的政

---

[1]　王玉华：《体育类研学旅行的开展现状与课程开发研究——以临淄蹴鞠为例》，《青少年体育》2019年第5期。

策与实施方案也成为社会关注的焦点和研究热点。40 多年间，党和国家出台了一系列促进青少年体质健康的纲领性文件（见表1），这一系列政策的出台显示出党和国家在治理青少年体质健康问题上表现出坚决的态度。新时代"体教融合"作为党中央、国务院的重大决策部署，是对我国教育和体育工作的全面部署和顶层设计，已成为现代体育事业发展的重点改革事项。①

表1　国家有关青少年体育发展的部分文件

序号	文件名	文件号与发文机构	文件核心内容	年份
1	国家中长期教育改革和发展规划纲要（2010-2020）	国家中长期教育改革和发展规划纲要工作小组办公室	牢固树立健康第一的思想，确保学生体育课程和课余活动时间，提高体育教学质量，促进学生身心健康、体魄强健、意志坚强	2010
2	关于进一步加强学校体育工作若干意见的通知	国办〔2012〕53 号，国务院办公厅	将强化青少年的体育锻炼视为提升全民健康水平的核心任务，并视学校体育为实施党的教育政策、推进素质教育以及提升教育品质的关键策略	2012
3	中共中央关于全面深化改革若干重大问题的决定	十八届三中全会审议通过	强化体育课和课外锻炼，促进青少年身心健康、体魄强健	2013
4	国务院办公厅关于强化学校体育促进学生身心健康全面发展的意见	国办〔2016〕27 号，国务院办公厅	通过完善体育课程、提高教学水平、强化课外锻炼来深化教学改革，强化体育课和课外锻炼；通过开展课余训练和完善竞赛体系来注重教体结合，完善训练和竞赛体系	2016
5	"健康中国 2030"规划纲要	中共中央、国务院	培育青少年体育爱好，基本实现学生熟练掌握一项以上体育运动技能，确保学生校内每天体育活动时间不少于 1 小时	2016

---

① 郭振：《新时代体教融合的概念、价值与实践路径探析》，《体育科学》2022 年第 2 期。

序号	文件名	文件号与发文机构	文件核心内容	年份
6	中共中央国务院关于深化教育教学改革全面提高义务教育质量的意见	中共中央、国务院	提出坚持"五育"并举，全面发展素质教育的意见。强化体育锻炼，坚持健康第一，实施学校体育固本行动	2019
7	国务院办公厅关于新时代推进普通高中育人方式改革的指导意见	国办〔2019〕29号，国务院办公厅	强化体育锻炼，修订学生体质健康标准及评价办法，丰富运动项目和校园体育活动，培养体育兴趣和运动习惯，使学生掌握1~3项体育技能	2019
8	国务院办公厅关于印发体育强国建设纲要的通知	国办〔2019〕40号，国务院办公厅	学校体育教育的核心内容是提高青少年的身体素质和健康的生活习惯，将学生的身体健康状况纳入政府、教育管理部门和学校的评估标准中，并全方位地执行青少年体育活动的推广计划	2019
9	关于深化体教融合促进青少年健康发展的意见	中央全面深化改革委员会第十三次会议审议通过	我们需要确立"健康为先"的教育观念，促进青少年在文化学习和体育锻炼之间的和谐发展。加强学校的体育教育，完善青少年的体育比赛体系，确保学生在体育活动中获得乐趣、增强身体素质、完善个性和磨炼意志，从而培育出德、智、体、美、劳全方位发展的社会主义接班人和建设者	2020
10	关于全面加强和改进新时代学校体育工作的意见	中共中央办公厅、国务院办公厅	教育的核心理念是立德树人，以社会主义核心价值观为导向，致力于服务学生的全面成长和提高他们的综合素质。我们始终坚持以健康为首要目标，努力促进青少年在文化学习和体育锻炼上的和谐发展。我们的目标是帮助学生在体育锻炼中找到乐趣，增强他们的体质，完善他们的人格，磨炼他们的意志，并培养他们在德、智、体、美、劳各方面都全面发展的社会主义接班人和建设者	2020

续表

序号	文件名	文件号与发文机构	文件核心内容	年份
11	关于全面加强和改进新时代学校卫生与健康教育工作的意见	教育部、发展改革委、财政部、卫生健康委、市场监管总局等五部门联合印发	坚持健康第一、提升学生健康素养、增加学生体育锻炼时间	2021
12	"十四五"体育发展规划	国家体育总局	靶向体教融合发展，引领青少年体育事业健康高质量发展；拓展体教融合空间，学校、体校和社会力量协力培养体育优秀人才；破除体教融合壁垒，打通链条、活络通道，完善青少年体育竞赛活动体系；盘活体教融合资源，培育社会力量，规范引导体育社会组织助力青少年体育发展	2021
13	关于构建更高水平的全民健身公共服务体系的意见	中共中央办公厅、国务院办公厅	配合有关部门打造更丰富赛事活动、促进更广泛青少年参与，共同推动公共体育场馆开放和设施器材标准建设等工作，支持学校体育发展，强化运动技能普及，开展面向全体青少年的常态化健身活动，以青少年为重点培养终身运动者	2022

数据来源：国家体育总局 https://www.sport.gov.cn/。

在新时代背景下，体育事业现存的体育发展不均衡（竞技体育、学校体育和群众体育发展的失衡问题）、竞技体育后备人才不足、青少年体质健康水平不理想等问题，就是当前制约我国体育事业发展的几大核心问题，与体育强国建设的目标相差甚远。国家试图通过这一系列政策的相互融通和协同作用，来改进体育工作，从而达到提高青少年体质和完善竞技体育后备人才结构的美好愿景。

系列政策中，体教融合作为党中央、国务院的重大决策部署，对新时代我国教育和体育工作进行了全面部署和顶层设计，明确指出学校体育要紧扣"教会、勤练、常赛"的核心要求，完善教学、训练和竞赛体系，为实现高质量体教融合提供有力支撑。[①]青少年体育竞赛作为实现高质量体教融合的重要一环，是竞技体育后备人才培养与选拔的主要阵地，也是撬动学校体育工作的重要杠杆。因此，在新时代体教融合和学校体育改革大背景下，探索小学、初中、高中和大学阶段体育赛事衔接与融合的难点，寻找突破路径，构建一体化的青少年体育竞赛体系，对实现高质量体教融合具有重要的现实意义。

一、深化学校体育改革的教育诉求

党的十九大提出中国进入了中国特色社会主义新时代，是判断我国发展阶段进入新时代历史方位的重要时刻。新时代不只是出于我国经济和社会发展的转型和升级的实际需求，更深层次是对我国全面建成小康社会和社会主义现代化强国这一历史新任务的深入理解。新时代下高校人才培养目标定位和培养模式转变都将为大学生体质健康水平提升提供更多机遇和空间。在学校体育发展过程中，我们需要明确新时代所带来的新挑战和新要求。[②]在新时代，丰富和满足人民群众的美好生活要求，实现中华民族复兴的伟大"中国梦"，都将立足于人民群众健康水平的全面提升，抓实"强健体格、野蛮体魄、增强体质"的健康理念。在推动新时代"强国梦"战略的进程中，学校体育必须怀揣新的梦想，孕育新的希望，并承担新的使命。因此，学校体育必须适应国家现代化建设的需要，顺应社会经济文化变革的潮流，为实现中华民族伟大复兴提供人才支撑与精神动力。在深入研究新时代中国特色社会主义思想的核心精神和深

[①] 罗恒：《体教融合背景下我国青少年体育赛事体系发展研究》，《体育研究与教育》2021 年第 5 期。

[②] 季浏：《新时代我国学校体育改革与发展》，《体育科学》第 2019 年第 3 期。

层含义后，学校体育紧紧围绕十九大提出的中国特色社会主义建设方针，明确新时代对学校体育发展的新期望。根据这些要求，学校体育部门应积极执行各种改革政策，以促进学生的身心健康和全面发展。这不仅有助于增强体质、磨炼意志和注入活力，还能让学生在体育课程中体验到成功的喜悦，提高他们的综合素质。

体教融合和学校体育改革新目标需要我国体育教育事业重新审视自身的历史方位和价值取向，要抓住发展契机，立足新的发展起点，制定具有基础性、战略性和可持续性的战略措施，促进学校体育、竞技体育和群众体育的全面协同发展。2020 年颁布的《关于深化体教融合 促进青少年健康发展的意见》明确指出，我们应该协助学生在体育活动中找到乐趣、增强身体素质、完善个性、锤炼意志，并培育出德、智、体、美、劳各方面均衡发展的社会主义接班人和建设者。[1] 这是党中央对当前我国教育事业提出的要求与目标，也是落实立德树人的重要举措之一。这一融合体育与教育的政策不仅为学校体育发展提供了明确的导向，同时也揭示了新时代学校体育的核心价值观，即以学生为中心，致力于培养全方位发展的人才。

学校体育的价值取向可从四个层面来阐述：一是国家发展层面。学校体育肩负着实施健康中国战略和全民健身战略的重要责任与使命，关系到民族未来的基石。如《"健康中国 2030"规划纲要》的实施，使学校体育上升到国家优先发展战略高度，赋予了学校体育促进青少年身心健康发展和健康中国建设的重要使命。[2] 二是社会发展层面。学校体育是社会的缩影和聚焦点，对促进我国社会主义现代化建设具有重要的意义，与社会政治、经济、文化、家庭等有

---

① 罗赣：《"双减"背景下我国学校体育价值自觉的实现路径》，《哈尔滨体育学院学报》2022年第 1 期。

② 罗赣：《"双减"背景下我国学校体育价值自觉的实现路径》，《哈尔滨体育学院学报》2022年第 1 期。

着广泛而深入的交融关系，是整个社会体育事业的基础和重要组成部分。学校体育是我国体育事业发展的桥梁，肩负着竞技体育和群众体育两端重负，一方面要为我国竞技体育培养高水平后备体育人才，另一方面要夯实群众体育的终身体育教育并提供指导力量。三是学校发展层面。学校体育是学校教育的重要组成部分，是构建良好学校教育生态环境的中坚力量，尤其在"双减"背景下，学校体育获得了更大的发展空间和展示舞台，是学校丰富内涵建设、均衡学科发展、精细教学管理的关键要素。四是学生发展层面。学校体育的价值取向包含了"育体"与"育德"两个方面。无论时代如何变迁，人是一切教育的出发点和归宿，学校体育价值的实现必须坚持以人为本，促进青少年身心全面健康发展，这也是学校体育的最终目标。

"双减"政策的落地，进一步加速了学校、家庭和学生等价值主体对学校体育价值的内化，提升了各价值主体对学校体育价值的认知水平，促进了学校体育价值自觉的形成。明晰学校体育的价值取向既是实现学校体育高质量发展的行动之需，亦是实现"以体育人"和"以体强国"学校体育价值目标的行动指南。

从全球的经验来看，美国作为全球最大的体育强国，其学校体育教育不仅是激发普通学生对体育活动的兴趣和提升运动技能的关键场所，更是培育高水平运动员的基础设施。值得注意的是，在奥运会运动员中，超过80%的人都是高等教育机构的毕业生。英国更是通过完善的制度保障，形成了较为完备的学校体育教育体系，并将其视为提升国民身体素质水平和推动社会发展进步的重要途径之一。

另外，英国在最近的三届奥运会中连续三次获得金牌，这与它对学校体育在竞技体育人才培训中的核心地位的高度重视是紧密相关的。英国在发展竞技体育过程中始终坚持以"教育为本"，将体育作为一种文化传承下来，形成了较为完善的学校体育制度，并取得了显著成效。例如，在2012年，英国发布

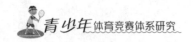
了名为"新青年和社区体育战略"的政策，该战略主张实施"学校运动会计划"。该计划的核心目标是构建一个面向全国中小学的体育赛事体系，涵盖了校内运动会、校际运动会、区级运动会以及全国总决赛四个不同的级别。该战略旨在激励各个年龄段的学生参与学校的体育活动，全面激发所有学生参与体育竞赛的热情，不仅仅局限于少数表现出色的体育尖子生，从而为国家在选拔高水平运动员方面奠定更加坚实的基础。同时，在此基础上还制定出一系列促进青少年发展的政策。因此，在新时代的我国学校体育教育中，我们不仅要确保普通学生能够积极参与体育活动，更需要高度重视高水平运动员的培训和发展，在普及和提升两个方面为体育强国建设提供有力支持。

二、体教融合的时代需求

体教融合概念的提出源自 2020 年 4 月召开的中央全面深化改革委员会第十三次会议审议通过的《关于深化体教融合 促进青少年健康发展的意见》（体发〔2020〕1 号），会议指出：贯彻落实习近平总书记关于体育强国建设的重要指示和全国教育大会精神，充分发挥党委领导和政府主导作用，深化具有中国特色体教融合发展，推动青少年文化学习和体育锻炼协调发展，促进青少年健康成长、锤炼意志、健全人格，培养德智体美劳全面发展的社会主义建设者和接班人。[①] 该政策是对新时代我国教育和体育工作的全面部署和顶层设计，对我国学校体育改革与发展方向具有重要的引领作用。

从体教融合的实质而言，就是将竞技体育人才的培养融合到国民教育体系之中，实现体与教的真正融合。新时代赋予了学校体育新的历史使命，其在落实体教融合的过程中处于非常重要的基础性地位，是我们竞技体育发展的基

---

① 郭振：《新时代体教融合的概念、价值与实践路径探析》，《体育科学》2022 年第 2 期。

石。从习近平总书记提出的"享受乐趣、增强体质、健全人格、锤炼意志"对学校体育的重要地位与全方位作用作出了全面、高度的概括。

学校体育具有强大的综合育人功能，对于习近平总书记在2018年全国教育大会讲话中强调的"坚定理想信念、厚植爱国主义情怀、加强品德修养、增长知识见识、培养奋斗精神、增强综合素质"等"6个下功夫"，均可以通过体育与健康课、体育竞赛、体育锻炼等体育教学活动进行培养和塑造。落实"教会、勤练、常赛"新时代学校体育工作要求，帮助学生熟练掌握与积极运用运动技能，是学校体育工作的重点任务。学校体育应将教会学生运动技能、开展常态化的课余训练和全员参与的体育竞赛作为抓手，改革教育教学模式，实现新时代学习体育的新目标。

在体育与教育相结合的大环境下，学校体育被视为学校教育的核心部分。我们需要系统地培养青少年的爱国情怀、团队协作精神、集体精神和坚韧不拔的精神，以充分体现体育育人的潜能。新时代学校体育愈加强调体育的完整意义，正如蔡元培提出的"健全人格，首在体育"的目标，学校应围绕体教融合的各类顶层设计方案，以人为本，在增强青少年体质健康的同时，重视人格的塑造。学校体育不仅要让青少年强健体魄，而且要使其在体育活动、体育锻炼和竞赛中享受乐趣。因此，体育应当融入国民教育体系，以人为本，通过体教融合使学校体育面向全体学生，使每个学生都能在体育活动中"享受乐趣、增强体质、健全人格、锤炼意志"。

构建和优化学校体育的教学、训练和竞赛三大体系是实现体育与教育融合的关键任务之一。因此，体育教师队伍和场地设施的建设应被纳入我国教育和体育发展的全面规划中。从"大课间"运动模式改革的角度出发，以北京市中小学课外体育锻炼情况为切入点进行了调查研究，并提出相应的对策建议，旨在进一步促进我国学校体育的快速发展。在体育与教育相结合的大背景下，体育竞赛在学校体育活动中的实际价值和意义得到了更为明显地体现，标志着对

学校体育知识的一次重大突破。体育竞赛作为一种特殊的育人方式，对促进学校体育事业可持续发展具有十分重要的作用。如果学校体育缺乏体育竞赛，那么它将无法培育青少年的竞争精神和团队协作能力，更不可能让学生真正体验到体育的乐趣，也无法有效提高他们的身体健康状况。

目前，我国中小学体育师资缺乏且结构不合理，场地器材严重短缺，影响了青少年身体素质的提高和全面素质的养成。考虑到这一点，体育和教育两个部门需要共同建设、分享和管理资源。所有的资源不仅要面向青少年开放，更要致力于支持所有青少年的健康发展。我们应该充分利用体育和教育系统的优势，积极地吸引社会资源，并与社区合作，以提高青少年校外体育比赛的规模和质量。

三、夯实竞技体育后备人才基础的迫切诉求

促进青少年体育发展不仅是政府的一项核心职责，也是"承担文化事业责任，确保人民基本需求和权益得到保障"的具体表现。近年来，随着社会经济的快速发展以及体育事业改革与发展的不断深入，我国体育教育对促进青少年体质健康提出了更高要求，国家也为加强和改进青少年体育工作提供了难得机遇。因此，在 2010 年 5 月，国家体育总局成立了专门负责青少年体育的部门。这是中国第一个以专门机构负责组织管理青少年体育事业的行政执法机构。自从国家体育总局青少年体育司建立以来，我国的青少年体育赛事管理结构得到了优化，多个项目协会和地方体育机构陆续设立了青少年活动部门，为青少年体育赛事的进一步发展提供了指导。同时，各级政府部门也在加大对青少年体育事业的支持力度。目前，我国的青少年体育正经历着历史上最为辉煌的时期，各个层级的政府都在持续地关心和支持青少年体育的发展。

2015 年 1 月，教育部设立了全国青少年校园足球工作领导小组，以促进我国青少年足球事业的进一步发展。2015 年 10 月 18 日，福建成功举办了第一届全国青年运动会。这次青年运动会意味着面向青少年的全国综合运动会即将成为历史，为我国的青少年体育赛事带来了新的发展机会。为进一步加强和改进青少年体育，促进青少年身心健康全面发展，国家出台一系列政策文件，积极鼓励并引导社会力量参与青少年体育运动，大力推进学校体育教学改革创新。

2016 年的 9 月 5 日，国家体育总局正式发布了名为《青少年体育"十三五"规划》的文件，在该规划中明确指出，青少年体育活动的推广和深化是至关重要的；对青少年的竞赛制度进行改革，并完善四级竞赛结构。这是对未来五年乃至更长时期内，青少年体育事业的重大部署和安排，也意味着青少年体育工作进入新阶段，开启新起点。

2017 年 5 月 22 日，上海成功举办了中国青少年体育发展交流会。在此次会议上，青少年体育司的刘扶民司长强调了加强青少年体育事业的重要性，特别是在培养青少年体育赛事的品牌和打造内容丰富的青少年体育文化方面。这标志着我国青少年体育工作进入到一个新阶段。

2018 年 3 月 30 日，体育总局组织召开了全国青少年体育工作的电视电话会议。在会议上，提出实施青少年 U 系列赛事工程、青少年体育技能普及提高工程等青少年体育的重点项目，为建设体育强国奠定了坚实的基础。同时要加强与地方政府和企业沟通协调，建立长效合作机制，共同推进"一带一路"沿线国家和地区的青少年体育竞赛组织工作。2018 年 12 月 7 日，中国青少年体育发展论坛在浙江省杭州市成功召开。该论坛建议成立一个青少年俱乐部的合作联盟，并与青少年俱乐部联手，共同打造一个以青少年为中心的市场化赛事品牌。这是首次以"青少年"命名的全国性大型综合性体育盛会，也是我国青少年体育事业发展史上规模最大、层次最高的一次重大举措。

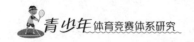

2019 年 8 月，山西成为第二届全国青年运动会的举办地。从这一次运动会开始，我国的青少年体育运动会将逐渐形成一个常态化的组织机制，青少年体育将成为未来竞技体育与群众体育的重要组成部分。

2020 年 5 月 15 日，在全国青少年体育工作大会上，国家体育总局副局长李建明在他的发言中强调：我们应该最大化地利用青少年体育赛事的领导作用，利用这些赛事来推动青少年体育的普及，探索青少年教育的新方向，并为青少年体育带来新的发展机遇。①

2021 年 4 月，11 项省级、国家级青少年体育赛事在兰州举办，包括甘肃省青少年射击锦标赛在内的甘肃省青少年中国式摔跤锦标赛、甘肃省青少年国际式摔跤锦标赛、甘肃省青少年拳击锦标赛、甘肃省青少年田径锦标赛、甘肃省中学生健美操锦标赛、2021 年全国首届中学生软式曲棍球锦标赛暨全国青少年 U 系列软式曲棍球锦标赛（西北赛区）、2021 年全国小学生软式曲棍球夏令营暨全国小学生软式曲棍球锦标赛（西北赛区）、2021 年全国首届小学生曲棍球夏令营暨全国小学生曲棍球锦标赛、2021 年全国少年U 系列（U10、U12 组）锦标赛、2021 年全国体育运动学校联合会青少儿跆拳道巡回赛、全国体校 U 系列跆拳道锦标赛等青少年体育赛事纷纷落地。2021 年，举办"北斗杯"全国青少年体育大赛，打造国家青少年体育品牌活动。

2023 年，在广西南宁举办全国学生（青年）运动会，这是全国学生运动会与全国青年运动会合并后举办的赛事，是一项综合性大赛（见表 2）。

---

① 魏艺：《我国"体教融合"政策解析与一体化治理研究——基于"情境 - 结构 - 行为"的三维分析》，《湖北体育科技》2021 年第 5 期。

表2 全国青少年体育赛事部分重要事件

序号	重要事件	涉及青少年赛事的核心内容	时间
1	青少年体育"十二五"规划	推进青少年体育事业的深入发展	2011 年 4 月
2	南京青奥会	第二届南京青年奥林匹克运动会	2014 年 8 月
3	全国青少年校园足球工作领导小组	改革校园足球赛事	2015 年 1 月
4	第一届全国青年运动会	全国性青少年体育赛事	2015 年 10 月
5	《青少年体育"十三五"规划》发布	深入开展青少年体育活动；改革青少年体育竞赛制度和促进青少年体育区域协调发展	2016 年 9 月
6	中国青少年体育发展交流会	培育青少年体育赛事活动品牌	2017 年 5 月
7	全国青少年体育工作电视电话会议	实施 U 系列赛事工程	2018 年 3 月
8	全国体育运动学校联合会年会暨中国青少年体育发展论坛	打造基于青少年的市场化赛事品牌	2018 年 12 月
9	第二届全国青年运动会	全国性青少年体育赛事	2019 年 8 月
10	全国青少年体育工作会议	推进青少年体育赛事治理体系的现代化	2020 年 5 月
11	11 项省级、国家级青少年体育赛事在兰州举办	青少年体育赛事全面重启	2021 年 4 月
12	"北斗杯"全国青少年体育大赛	打造国家青少年体育品牌活动	2021 年 4 月
13	将在广西南宁举办全国学生（青年）运动会	全国学生运动会与全国青年运动会合并后举办的赛事，是一项综合性大赛	2023 年 11 月

数据来源：国家体育总局 https://www.sport.gov.cn/。

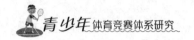

第二节 相关概念界定

一、青少年概念的界定

西方心理学家认为，青少年期是指从青春发育期开始到完成大学学业这一发展时期，即 10 ～ 21 岁。我国发展心理学把 10 ～ 15 岁这一阶段称为少年期，又称青春期；14 ～ 18 岁称为青年初期。据此，本书研究的青少年是指10 ～ 18 周岁的少年和青年。

二、体育赛事和体育竞赛

（一）赛事体系的相关概念

体育赛事是一种高度综合的活动，其涵盖的项目既复杂又全面而系统，包括多种不同的主体形式。这需要投入大量的前期准备和实际举办时间，同时需要各种资源作为基础支持。从这个意义上来说，体育赛事体系就是对体育赛事各个要素进行综合协调管理，从而实现其目标的过程及其相互关系。体育赛事体系可以理解为把各种事物视为一个有机的整体，并在特定的范围或相同种类的事物中，通过某种独特的秩序或内部联系来构建它们。体育赛事体系包括体育赛事利益相关者及其相互关系。因此，本课题中的体育赛事体系是指与各种体育赛事有关的利益方，例如政府、社会、市场和学校等，他们之间的互动形成了一个有机的整体。

（二）体育赛事的界定

1.体育赛事的定义

体育赛事这一专业术语是随着体育比赛活动逐渐市场化运营而诞生的。在市场经济条件下，体育赛事成为一种特殊的商品进入流通领域，它所产生的经济效益和社会效益已为人们所普遍关注。体育赛事是以高质量的体育比赛为核心，通过市场推广，吸引观众、赞助商和媒体的广泛参与，将原先单一的体育竞赛扩展成一个集竞赛、经济、文化、休闲娱乐于一体的大型活动、大舞台和大市场。体育赛事既包括竞技体育项目又包括群众体育项目，同时还包括各种赛事服务产品以及相关配套产业。因此，本书认为体育赛事是由体育比赛、体育产业和服务性产品组成的，其范围和模式种类繁多，具有多样性，与比赛规则、风俗习惯、区域文化等因素紧密相关。同时，它又是一种特殊的商品，具有一定的特殊性和复杂性，具有较强的地域性特征。此外，体育比赛对社会、政治、经济和文化等多个领域都会带来深远的影响，并为区域经济、文化和教育带来显著的综合效益。

2.体育赛事的属性

体育比赛的显著特征是它是一种具有竞技性质的体育活动，并且组织比赛须遵循特定的准则。竞技体育运动作为一种特殊类型的体育运动，与大众体育运动有着本质上的区别。竞技体育最初是一种体育活动，随后逐渐演变为体育运动员在有裁判参与的情况下，有目的地、有意识地进行比赛。体育赛事的概念与定义随着时代的进步而不断演变和更新，从最初的体育比赛逐渐演变成一种以娱乐为主的社会活动。伴随着现代社会的快速进步和奥林匹克运动会的普及，竞技体育的形式变得更为丰富和多元。在市场经济的推动下，体育赛事的商业价值和市场策略变得尤为关键，例如奥运会、世锦赛等大型的综合性体育赛事所涉及的内容更为广泛和深入。同时，由于体育赛事的特殊性以及它与人

们生活之间存在着千丝万缕的联系，使得其成为一个复杂而又庞大的系统。因此，在确定体育赛事的性质和定义时，明确体育赛事与事件之间的联系和差异，体育赛事的目标和期望达到的效果是我们需要深入思考和研究的问题。同时，体育赛事作为一种特殊的商品也具有其自身的特点。

总结来看，体育赛事的显著特点包括：巨大的市场前景和广阔的开发潜力；赛事的规则、观念和风俗都会对赛事的运行产生影响，这有助于体育赛事有组织、有规划地发展；其运作具有商业性，能带来良好的经济效益。体育赛事的成功举办需要多方的共同参与和推动，包括多元化的参与者和多层次的管理人员，例如公关、媒体、办公室职员、工程师、运营管理方、营销方和人力资源管理方等。因此，赛事的管理必须从宏观层面上进行系统研究，以达到提高管理效率和经济效益的目的。

综合考虑，体育赛事具有六个基本特点：其一，体育比赛附带了体育相关的产品和服务；其二，它与比赛的规则、当地的文化传统、当地的风俗和习惯等多个方面都有紧密的联系；其三，所有参与体育赛事的人都有一个共同的比赛目标，都渴望在比赛中取得胜利；其四，他们都深受相同文化的影响，并对体育活动充满热情；其五，具有相似的体育意识和行为模式，它具有项目管理的独特性质；其六，赛事具有较高的社会价值和经济效益，体育竞赛市场具有巨大的发展空间。

3.体育竞赛的定义

在田麦久先生的著作《运动训练学》中，体育竞赛被描述为：在裁判的引导下，根据一致的规定，组织并执行运动员或其团队之间的竞技对决。从这个意义上讲，体育竞赛可以说是一种特殊形式的体育运动。袁守龙在他的博士研究中指出，体育比赛是竞技体育中最直观的展现方式，而比赛场地则是展示运动员日常训练成果和个人运动技能的客观场所。

由此可见，体育竞赛对一个国家或地区的体育事业有着十分重要的影响。

伴随着现代体育赛事的持续进步和完善，各种运动项目层出不穷。这些赛事的制度和形式都经历了某种程度的变革。除了传统的锦标赛、联赛和赛会制之外，如大奖赛、大师赛、系列赛和等级赛等新型赛制也在不断地进化和发展。这些赛制为广大参与者提供了更广阔的选择空间，使不同层次的爱好者可以根据自己的需要进行自由参赛或合作参赛，极大地提高了人们对体育活动的兴趣和参与度。联赛、杯赛等体育赛事制度是体育竞赛中的一种常见赛制，通常用于多人参与的体育运动项目，例如篮球、足球、排球等，由三支或更多同等级的队伍参与，在多个地方（或同一地区的多个比赛场地）联合举行体育竞赛，通常有升降级的规定，例如高级组的末位降级到低级组、低级组头名可升到高级组。

三、体教融合背景下学校体育竞赛体系的内涵

（一）体教融合与体教结合的内涵

学者金亮、吴建喜、池建、翟丰和张艳平均持有相同观点，他们认为"体教融合"是从"体教结合"演变而来的，并对青少年体育的融合发展进行了更为深入的探讨。"体教融合就是将二者有机地融为一体，使两者相互促进、共同发展，最终实现一个良性互动、和谐共生的过程。"体教结合即体育与教育相结合，而体教融合的核心理念是以体育人才培养为中心，目的是将体育系统的资源整合到教育系统中，由教育系统的体育部门在教育的大环境下开展青少年体育工作，全面挖掘体育的教育功能，帮助青少年学生全面发展。学者提出的"体教融合型"人才培养模式，就是基于这一核心内涵所构建的培养方案和实践路径。李爱群等学者提出，体教融合是一种综合性的教育机制，旨在通过开展体育活动来促进青少年的身心健康发展。这一机制由不同级别和类型的学校、高水平的运动队伍、社会组织等多种主体共同实施，旨在同时关注青少年

的文化教育和运动训练，全方位地培养青少年体育后备人才，促进全体青少年的健康成长。从多位学者的观点来看，本书将体育与教育的融合定义为，以促进人的全面发展为核心理念，整合体育系统和教育系统的各种资源，包括青少年体育工作的职能、机制和资源等，以协调学生的体育锻炼和文化学习，充分发挥体育在青少年成长阶段的功能和价值，服务于全体学生的全面发展。

（二）体教融合与体教结合的差异

吴建喜持有的观点是，与传统的体教结合方式相比，体教融合培养的目标更注重长期和短期的整体规划。这种长期的体教融合培养目标主要是培育全方位、健康成长的青少年，而不仅仅是表面上的教育与体育的融合，更多的是聚焦于取得优异成绩和解决退役运动员的安置问题；在人才培养模式上，"体+教"的形式更加多样。在体教融合的理念中，教育系统被视为唯一的培训中心，而在体教结合模式下，有两个独立的系统专门用于青少年体育培养；在培训目标上，体教融合主要针对所有的青少年学生，而体教结合则主要针对年轻的运动员；在训练内容方面，体教结合更加注重竞技能力，而体教结合则侧重于体育与相关科学知识的融会贯通。在青少年的培养过程中，体教结合不仅是一个持续的过程，而且可能会对他们的整个生命产生深远的影响，特别是在青少年运动员的训练阶段，这种结合更为普遍。

马玉芳明确表示，体教融合和体教结合在管理的主体、组织结构以及运营模式三个方面存在明显的差异。[1] 第一，体教融合的核心思想是将体育重新融入教育体系中，由教育系统负责管理，而体教结合的实际操作主体显然是体育系统；同时，体教合一与体教分合也不是简单的对立关系。第二，体教融合强

---

① 马玉芳：《关于我国实施"体教融合"的体制难点及制度设计的研究》，《体育与科学》2014年第 3 期。

调在宏观社会背景下，构建一个以教育部为主导、体育总局为辅助的体育管理体系，而体教结合则是基于政府的指示和专业竞技的管理策略。第三，体教融合是一个对社会和各相关部门开放但又紧密相连的系统，而体教结合则是一个在该体系内能够自我发展和运行的相对封闭的系统。

总的来说，体教融合的培养目标具有更长远的视角，它面向所有学生，旨在推动青少年学生的全方位健康成长；同时"体教融合，重在建设"。体教结合的核心目标是为我国培育出杰出的竞技体育预备人才，其中，体育特长生和运动员是他们主要关注的群体，同时强调竞技表现和学校声誉的提升。

李爱群和他的团队坚信，体教融合的核心目的在于推动学生的全方位健康成长，同时培育出高质量的体育预备人才和全方位发展的年轻学子。马玉芳明确表示，体教融合的核心目标是促进体育的可持续发展和教育的综合性发展。柳鸣毅明确表示，体育与教育的融合目标是确保青少年体育管理的体制和机制得到完整地整合，共同推动青少年的健康成长。这也是让社会各方更好地理解和实践体育教育的理念，以促进政府、社会和市场在青少年健康成长的各个方面、阶段和视角上的深度合作。

体教融合的理念是把国家教育部门视为唯一的管理实体，确保青少年竞技体育和体育资源在教育体系中得到充分的整合；以学校为主要阵地，形成一种由政府主导，多元参与的新型校园体育文化格局。在体教结合模式下，存在两大核心部门：国家体育部门和教育部门。这两大部门各自独立地发展，共同构建了两种不同的青少年体育比赛体系。"体教分离"则以学校为主导，将青少年体育与其他课程进行隔离，使之无法形成一个完整统一的教学平台。

体教融合的目标群体是所有的青少年学生，只有在全面发展的基础上，他们才能成为具有运动特长的学生运动员。从目前我国社会整体情况来看，体教结合与传统的应试教育不同，它不仅能够让学生掌握更多的知识技能，而且能有效地提高学生的身体素质。体教结合的教育模式主要是为了培养具有丰富运

动经验的运动员，而不是仅仅把学习看作是一种责任，学生的地位相对较低。随着社会经济的高速发展和科技文化的不断进步，体教融合也应该与时俱进地进行改革与创新，使之更加符合现代教育教学规律。在新的时代背景下，体育与教育的融合目标主要集中在两个核心领域：首先，学校的体育教育旨在让所有的青少年学生都能体验到比赛的乐趣，并对他们的意志和综合素质进行系统性的培养和提升；同时学校体育还可以引导广大师生树立终身体育锻炼意识，促进学生身体素质与心理健康同步协调发展。其次，学校体育竞赛应当最大限度地发挥其在提升我国竞技体育整体水平方面的基础作用，以便为我国培养更多高质量的运动员，从而全面提升我国竞技体育的整体水平。同时，体教融合还有利于高校体育教育改革发展进程中人才培养模式的创新与转变。另外，通过体育与教育的融合途径，可以增加校内和校际体育比赛的参与范围和参与度。

（三）体教融合背景下的学校体育竞赛

对青少年体育赛事体系的完善被视为是深化体育与教育融合的核心路径之一。体教融合不仅有利于推动体育事业持续健康地发展，还能够有效提升人才培养质量，实现教育与训练的有机结合，为我国建设社会主义现代化强国奠定坚实的教育基础。体育竞赛，作为体育与教育融合的关键环节，在整个融合过程中起到了至关重要的作用。这主要体现在体育竞赛不仅要促进学生的健康发展，还要承担培养竞技体育人才的双重责任。

目前，我国高校对体育竞赛工作重视程度不够，导致部分大学生不能顺利参加到高水平运动队中。过去，学校体育竞赛更多地关注竞技体育人才的培养，强调通过体育竞赛来发现、选拔和培养具有良好潜力的学生运动员，不断地将在体育竞赛中表现出色的学生运动员培养到更高的水平。

随着我国教育事业的快速发展，国家越来越重视对优秀传统文化传承与发扬工作，出台了一系列关于加强中小学校园体育活动建设的政策文件，致力于竞技体育领域人才的培育与输送工作。随着社会经济文化事业的蓬勃发展以及国家对教育重视程度的提升，我国逐渐开始关注学校体育竞赛工作。《意见》明确指出，在新的时代背景下，学校体育竞赛不再仅仅为了培养未来的竞技体育人才，更多的是激发所有青少年学生参与体育竞赛的热情，增强他们对终身体育锻炼的意识。因此，要进一步加强对校园体育竞赛工作的重视程度，充分发挥其对促进素质教育改革与发展的促进作用。对学校体育竞赛体系进行完善的核心目标是更好地整合学校体育竞赛的各种资源，促进其高质量地发展，真正实施体育与教育的融合策略。

目前，我国学校体育竞赛存在着很多问题，影响了学校体育整体水平的提升。为了更加有效地推进体育教育的整合发展，政府、学校以及其他相关机构采取了多种策略和手段，为学生参与体育比赛提供必要的支持，并为他们创造有利的环境。

鉴于学校体育竞赛的整体价值以及深化体育与教育融合改革的目标，我们应当构建一个健全的学校体育竞赛体系作为制度基础，该体系应包含以下几个核心内容：其一，强调培养卓越人才。将体育比赛与青少年的教育相融合，充分利用体育比赛的教育意义，通过体育比赛推动学生的全方位成长。同时也要重视体育文化建设，营造良好的校园文化氛围，以提升学校体育运动水平。其二，高度重视人才培育。体育竞赛是一个系统过程，它包含教学、训练、管理等方面，在此基础上形成完整的课程体系。结合体育比赛和竞技体育的人才培训，旨在通过体育比赛为我国培育出高质量的体育专才。其三，加强对校园足球活动开展情况的监测和评估，及时了解我国高校校园足球运动的现状以及存在的问题。

为了更好地扩展学校体育竞赛的覆盖面并鼓励学生参与，我们研究中的学校体育竞赛体系不仅仅局限于某一特定的学段或学校体育竞赛结构，而是更加

关注所有学生的需求，构建完整的学校体育竞赛体制。观察学校体育竞赛的内部构架可以发现，它是由竞赛的目标、所需的资源、组织的结构、相关的规章制度以及竞赛的制度五大核心元素所构成的。其中，竞赛目标是核心因素，其直接影响到整个系统的运行效率和效果。从体育教育一体化战略的角度看，学校体育竞赛制度主要是在这一战略指导下，鼓励所有青少年学生参与学校体育比赛。

第三节　研究的理论基础

基于系统论的观点，即全球的任何事物都是系统性的，我们可以把我国的青少年体育竞赛体系视为一个完整的系统来进行深入研究，从而使我国的青少年体育竞赛体系更加完善和发展，这无疑是一个综合性的工程。

一、一般系统理论

（一）系统论的基本内涵

贝塔朗菲——现代系统研究的奠基人，他明确表示，每一个特定的系统都应满足三个基本条件：第一，系统应由两个或更多的元素构成，并且这些元素应始终与系统保持紧密的对应关系。在这个意义上，系统就是由各个不同性质或相互关联的部分构成的有机联系的总体。要素不仅是构成系统的关键组成部分，也是系统中最基础的单元；系统中的各个组成部分又相互联系、彼此制约，构成一个有机整体。第二，要素之间、要素与整体之间以及整体与环境之间都存在着相互的影响和互动，系统具有明确的结构形式和运动方式。第三，该系统总体上拥有明确的功能特性。在一定意义上讲，系统就是由这三个方面相互联系、相互作用而形成的有机统一体。这是指系统与外部环境之间相互作用和影响的程序和能力，它包括结构功能原理和动态规律。这三个要素都是不可或缺的，否则很难形成一个完整的系统。因此，研究系统必须从系统论出发。

从系统科学的角度看，系统与其构成元素之间存在这样的联系：其一，元素组成了系统，而系统又依赖于这些元素。如物质运动、能量传递等都依赖于要素。其二，系统的相对组成部分具有某种程度的自主性。其三，系统与要素具有相互作用性、相互制约性以及功能上的互补性等特点。此外，还可以把系统看成一种特殊结构，它由若干子系统组成，各子系统又与其他部分相互联系、相互作用，并在整体中处于主导地位。其四，要素会对整个系统产生反向影响。其五，系统内部各部分之间存在着相互联系、相互作用和相互影响关系，从而构成了系统。

该系统拥有如下特点：第一，整体性是其核心特质之一。即系统既包括物质世界的子系统，又包含精神世界的各部分。贝塔朗菲在解释系统思维时多次强调，系统论是对整体性和完整性的科学研究。因此，研究系统必须从系统这个总体出发。整体性这一概念涵盖了两个主要方面：一是指系统内部的不可分割性，如果将系统的各个组成部分割裂开来，那么系统便会消失不见；二是指系统之间存在着一定程度上的相关性，也就是说，任何一部分发生了变化，其他部分必然会发生相应变化，或受到相应的影响。这说明系统内部各要素之间存在相互联系。也就是说，在系统内部，任何一个要素的变动都可能导致其他要素的相应调整。第二，综合性是其关键架构。综合性的定义：一个系统，不论其性质如何，都是由各种不同的元素和层次结构所组成的整体。第三，各组或要素之间存在层次性。所谓的层次性，是指在一个系统中，各个构成元素按照特定的关系组合而成的子系统以及它们之间的相互联系。第四，系统的结构描述。系统的各个层面和组成部分之间存在着紧密的联系和互动，这种互动的

整体展现称为系统结构。第五，关于环境的关联性。不管是哪一个系统，它都是在特定的环境中运行，虽然它可以独立存在，但并没有与环境分离。第六，功能性描述。功能性主要表现为系统对其外部环境产生的整体影响或作用。系统的功能是受到其结构和所处环境限制的，如果没有这样的结构和环境，系统将无法发挥其最大潜能，也无法实现任何功能。

（二）系统论的启示

如果把我国的青少年体育竞赛体系视为一个完整的系统来研究的话，那么这个竞赛系统应当是由特定的元素组成的，它应该具有明确的层次和结构，并与其所处的环境产生紧密的联系，从而形成一个功能齐全的整体。在这个系统中，各个组成部分之间及其内部又具有特定关系。在竞赛体系中，整体功能的重要性超过了各个要素或部分要素功能的总和；竞赛体系中诸要素之间存在着相互依存，相互促进的关系。当竞赛体系的整体稳定性不能满足实际需求时，我们可以通过优化系统中的局部元素，推动竞赛体系从数量上的增长转向质量上的提升，从而构建一个更符合大众期待的体系。

二、运动竞赛学理论

（一）运动竞赛学的基本内涵

运动竞赛学是体育科学中的一个子领域，主要研究运动竞赛的组织和执行过程，旨在揭示运动竞赛活动的客观规律。基于体育竞技学、体育法学、运筹学、体育经济学和计算机科学等多个学科的基础理论，该学科深入探讨了在体育运动竞赛中的组织、策划、实施策略和方法，以及竞赛规则的制定和裁判团队的管理策略等方面的内容。它涉及运动训练、管理、教学、科研和领导决策等诸多领域。运动竞赛学旨在解决运动竞赛活动的策划、组织和实施问题，同时也需要研究影响运动竞赛活动策划、组织和实施的外部环境和硬件（如场地、设施、器械），以及参与者和软件（如运动竞赛的策划、组织和实施者、运动员、竞赛工作等）。

根据运动竞赛的目的、特点和规律，研究科学、合理的运动竞赛的策划、组织和实施方案，以实现高质量的工作效率。运动竞赛学是一门新兴学科。运动竞赛学的核心研究领域涵盖了与运动竞赛相关的多个方面，包括竞赛的组织结构、制度安排、不同竞赛之间的相互关系，以及竞赛环境等。在现代竞技体育发展中，运动竞赛学的作用越来越重要，它已成为运动训练科学化、管理现代化不可缺少的工具之一。为了科学地构建与运动竞赛学相关的理论体系，我们必须准确地理解运动竞赛过程中存在的基础矛盾以及运动竞赛学的核心研究领域。

（二）对运动竞赛学研究范畴的基本认识

1. 运动竞赛体制

运动竞赛体制指的是为了确保运动竞赛能够顺利进行而制定的各种竞赛制度、法律和法规的综合体现，它包括组织管理体制、竞赛管理制度以及其他相关制度。运动竞赛的组织结构为运动竞赛活动的策划、组织和管理提供了关键的前提和基石。它通过多种机制确保竞赛资源在竞赛过程中的高效流通，进而确保和推动运动竞赛的整体架构和功能得以实现。

2. 运动竞赛制度

运动竞赛制度实际上是一个围绕各种运动竞赛活动而构建的规范性体系的总体名称，它包括竞技体育组织管理制度、运动成绩评定与奖励制度、竞赛管理法规以及竞赛信息发布等一系列内容。基于竞赛制度的起源及其功能，我们可以将竞赛制度划分为原生性和派生性两大类。在不同历史阶段，由于受国家政治、经济、文化发展水平以及社会需求等因素的影响，竞赛制度会呈现出一

定的差异。竞赛的制度框架是从某一具体的运动比赛中产生的，而运动比赛的组织结构则是该竞赛制度中的原始竞赛模式。

从运动训练学角度讲，运动竞赛制度也属于原生性竞赛制度范畴。从运动竞赛的结构体系这一核心出发，衍生出的如运动员的等级制度、裁判员的等级制度以及运动竞赛规则等，都是基于派生性的竞赛制度。原生性竞赛制度与派生性竞赛制度在概念上有很大区别，前者指竞技体育的组织形式，后者则特指体育运动中具有相对独立性的比赛或活动。

从狭隘的角度看，原生性竞赛制度是指制度化的体育比赛。在体育运动项目发展历史上出现过多次运动训练与比赛分离或结合的现象，但这并不意味着原生性竞赛制度就没有存在的必要。

现阶段，原生性的竞赛机制主要可以划分为两大类别：赛会制度和（等级）联赛制度。赛事制度主要分为两大类：一是综合性的运动竞赛制度，二是单项的运动竞赛制度。综合性运动竞赛制度是由国家或政府举办的各类全国性比赛。（等级）联赛制通常是通过积分排名和升降级制度来实施的，绝大多数的球类运动项目都是采用这种（等级）联赛制。原生性竞赛制度是指由原始竞赛制度派生出来的各项管理制度、组织机构以及相关的配套设施等的总和，它与现行竞赛体制有本质上的区别。派生性竞赛制度实际上是从原有的竞赛制度中衍生出的一系列具体规定和制度的统称。

3.运动竞赛间的关系

体育比赛之间的联系主要分为两大类：一是比赛之间的连接，二是比赛之间的碰撞。其中，竞赛间的衔接又分为横向衔接与纵向衔接。这两种关系并不是独立存在的，而是在整个竞赛结构和所有相关领域中同时出现。由于这种运动形式具有明显的阶段性特点，因此，从整体上看其特征就是竞赛间的矛盾与冲突。竞赛之间的连接是基于竞技水平的分布模式来实现的。因此，竞赛之间的连接通常是纵向的。

根据竞技水平从低到高的递进关系，不同的竞赛在整个竞赛体系中处于不同的层次，它们之间是相互连接的。竞赛间的冲突则体现了运动项目之间发展的不平衡以及运动员个体能力差异对竞赛成绩造成的影响。为了构建一个连接紧凑、结构严密的科学竞赛体系，我们需要在水平和垂直两个方向上对运动竞赛体制的组织结构进行最佳的差异化整合。不同水平和层次的竞技者参只允许参加与他们的竞技能力相匹配的比赛，这样的竞赛才能使参与者在公平性方面得到满足。因此，合理划分各级别运动员参赛范围，确定各等级运动员参与竞赛活动所需时间，对于保证各阶层之间竞赛的均衡发展有着重要意义。竞赛组织普遍采纳了按年龄和运动水平进行分级的竞赛制度，这种制度的建立不仅是对竞技水平分布规律的正确理解，也是有效地维护公平竞赛的基本原则。

4. 运动竞赛环境

在体育比赛中，与参赛者有关的周边环境称为运动竞赛的背景。运动竞赛环境是影响运动员竞技能力发挥及比赛成绩的重要因素之一。基于运动竞赛的实际需求，我们可以把运动竞赛的环境划分为微观、中观和宏观三个层次。这三个层次之间相互联系、相互影响而又彼此独立。竞技者之间的竞技场所，也就是体育比赛的微观背景。它主要是指运动员进行比赛时所需的场地及设备条件，包括运动场地及其附属建筑，以及各种比赛规则、裁判工作制度、训练计划等。各种不同的竞赛项目在赛场上都有其独特的规定，这些规定主要体现在空间、时间、设备和场地人员等多个方面。

运动竞赛的宏观环境是指整个社会经济发展水平对运动竞技所产生的影响及制约因素。体育比赛中的微观环境也可以被视为比赛场地环境。场地和设备是构成运动场所的要素之一，它们决定着比赛的形式、规模及组织方式。而与比赛场地直接相关的周围环境，也就是运动竞赛的中观环境，主要涵盖了比赛区域或城市的自然环境、交通基础设施、安全防护措施、医疗保健服务、高端科技服务、住宿和餐饮条件，以及人文氛围等多个方面。这些因素构成了一个完整而复杂的系统，是运动竞赛得以顺利进行和取得优异成绩不可缺少的基本保证。

在体育比赛中，中等规模的环境也可以视为比赛区域的环境。与赛事角逐间接有关的外部环境即场区环境因素。运动竞赛活动所处的宏观背景，也就是运动竞赛的整体环境。它是影响运动竞赛发展的关键因素。体育比赛的大环境主要涵盖了国家或地区的体育氛围，以及经济、社会和文化背景。这些因素对运动竞赛有着重要影响，决定着运动员竞技能力的发挥和运动成绩的高低。体育比赛的大环境也可以视为比赛的背景。

5.运动竞赛价值

运动竞赛本质上是一种社会活动，参与者通过运用体力和智力，在"比较"的基础上进行"优选"，最终达到"选优"的目的。运动竞赛是一种特殊的精神生产活动，它具有鲜明的目的性和社会性特征。体育比赛不仅让人们更加深入地了解自己的身体素质，还极大地满足了人们追求胜利的心理需求，促进了人们之间的友好互动，并为人们的社交生活增添了色彩。运动竞赛作为一种特殊的社会存在方式，它具有鲜明的目的性和实践性。运动竞赛的价值体现在竞赛对象对参与者需求的满足上，从而产生相应的效果。

（三）运动竞赛学的启示

我们研究的青少年体育竞赛体系是运动竞赛学领域的一部分。为了构建青少年体育竞赛体系的理论框架，我们需要对青少年体育竞赛过程中的基本矛盾和范畴做准确理解，并结合竞赛的目标、特性和规律来进行科学的构建。

第四节　青少年参与体育竞赛的重要性

一个常态化的体育竞赛体系不仅是实现"学会、勤练、常赛"学校体育改革目标的终极目标，也是在青少年体育活动中实施立德树人教育理念的起点。当前我国大部分高校都设有专门针对大学生开展体育课程教学的社团。长时间以来，学校的体育教育并没有得到应有的关注和重视。学生在经历了从小学到大学的十几年体育课之后，仍然没有能够熟练掌握任何一项运动技能，而参与体育竞赛的学生数量更是寥寥无几。究其原因主要是没有建立起一套完善且行之有效的竞赛体系来引导和帮助学生进行体育运动锻炼。如果学生没有参与体育比赛的机会，他们将无法有效地掌握和评估自己的运动技巧，更不用说对体育精神有深入理解了。所以，建立一个科学有效的体育运动竞赛体系势在必行。构建一个科学且合理的体育竞赛体系，并创建一个竞赛生态环境，将有助于提高学校体育教学和训练的质量，同时也能激励广大青少年更加积极地参与比赛。

良好的竞技氛围也能促使教师提高教学质量，从而为国家输送更多的优秀人才。因此，在学校体育改革进程中，教学和训练体系是基础，竞赛体系则是实现体育基本任务的关键环节。从某种意义上讲，学校体育教学与训练课都是为了更好地发挥体育运动功能，实现其育人目标。

另外，体育比赛成为选拔和培养杰出的青少年体育备选人才的关键途径。在此背景下，如何建立完善的比赛管理体系已成为当前我国教育事业亟待解决的重要课题之一。只有当我们构建一个科学的、合适的、高效的竞赛机制时，我们才能真正推动广大青少年的身体健康成长，并为国家培育出竞技体育的未来人才。

一、推进学校体育改革，促进青少年健康成长

在体教融合大背景下，学校体育改革的核心指导思想是坚持"健康第一"的教育观念。在实际工作中，应遵循"教会、勤练、常赛"的基本教育和教学要求，其中"常赛"是指面向所有学生组织的体育竞赛活动。体育竞赛作为一种集体项目的比赛形式，不仅可以激发广大师生参与体育运动的兴趣，而且还能有效地推动教学改革进程，优化人才培养方案，增强团队协作意识与能力。此外，体育比赛不仅有助于增强身体健康、道德建设、文化传播、休闲娱乐和社交互动等多方面的价值，也是推动青少年健康成长的关键因素，更是提高学生体育修养和培育竞技体育人才的主要途径。

体育竞赛不仅能提升运动员的身体素质和技能水平，还有助于提高其意志品质，从而为他们终身参与体育锻炼打下坚实的基础。因此，体育竞赛体系在推动学校体育改革和促进青少年健康成长方面具有全面的促进作用，它是实现"享受乐趣、增强体质、健全人格、锤炼意志"教育目标的关键途径。第一，组织青少年参与体育比赛，强化青少年体育活动的多元化，培养他们健康的生活习惯。体育运动不仅能够增强运动员的身体素质和意志品质，还能使他们学会如何与他人相处，通过人际交往来树立自己良好的形象。在一个多姿多彩的训练环境中，青少年能够长时间培养他们的终身体育意识。通过日常的体育训练，可以显著地提升青少年的身体机能和社会适应能力，进一步促进其健康水平的提升。这样不仅可以培养他们坚持运动的健康习惯，还可以更好地实现享受乐趣、增强体质、健全人格和磨炼意志的目标。因此，学校要重视对学生体育锻炼的指导，使学生能积极投入体育运动中来。第二，我们要推动学生的全方位成长。随着我国素质教育改革不断深化，学校体育也逐渐从单纯注重竞技向以"育人"为核心转变。学校的体育教育过于重视学生的身体健康，却忽略了对学生体育道德的培育，这在某种程度上对青少年的整体成长是不利的。第三，提升全民素质。对青少年体育竞赛体系的完善不仅有助于让更多的学生参与体育活动，增强他们的体质和身体素质，还能培养他们的团结协作、勇于拼搏、吃苦耐劳、爱国主义等体育精神、体育道德和体育品格，从而培养出德、智、体、美、劳全面发展的社会主义接班人。第四，促进学校体育改革进程。要使学生养成良好的锻炼习惯，必须从娃娃抓起，从小培养学生终身体育锻炼的意识。"教会、勤练、常赛"构成了学校体育活动的明确标准和核心议题。"常赛"不只是对"教会"和"勤练"能力的检验和稳固，同时也是达到"四位一体"教育理念的核心步骤。[①]

对学校体育竞赛体系进行完善，有助于广大学生积极地参与体育比赛，进一步推动学校体育文化的发展，弥补学校体育方面的不足。在当前形势下，我国各级各类学校都非常重视体育教育工作，并将其作为素质教育的重要内容之一。通过广泛和常态化的学校体育比赛活动，我们可以有效地推进体育与教育的融合以及学校体育的改革进程。

二、提升青少年的竞技能力和体育品德

参与体育竞赛可以有效提升青少年的竞技能力和体育品德。例如，耐久跑比赛训练中，青少年需克服运动负荷给机体带来的极度生理上的不适，为了取得比赛的胜利，赛前积极刻苦地训练，赛中的吃苦耐劳、敢于拼搏精神，在提升青少年竞技水平的同时，对其意志品质的锻炼也十分重要；在集体球类项目中，团队的胜利不是靠某一个队员就能做到的，而是要集合团队的集体智慧与力量，充分发挥队友间的团队协作、配合，是一种集体主义精神的体现。

---

① 杨蒙蒙：《体教融合背景下学校体育竞赛体系价值、困境与完善路径》，《体育文化导刊》2021 年第 10 期。

体育课堂不但是培养学生体育道德和累积体育活动经验的关键场所，而且体育课堂的教学也为学生的身心健康打下了坚实的基础。学校要重视体育教学中学生道德行为的教育，让他们从小懂得尊重他人，关爱社会。在各种体育比赛中，青少年有责任严格遵循比赛规则，逐渐培育他们的纪律观念和规则观念，同时也要树立起诚实和守信的道德观念。[①] 在体育比赛中，胜负欲被视为一种增强青少年斗志的有力手段。为了集体的利益，比赛中需要克制个人的私欲，使青少年认识到团队合作的价值，帮助他们建立体育比赛与个人目标和信仰紧密联系，从而提高青少年的体育道德。

三、夯实竞技体育基础，培养竞技体育后备人才

我国的竞技体育后备人才培养目前正面临着发展的瓶颈，后备人才的基础结构正在逐渐衰退，"三级训练网"体系已经不能有效地推动新时代竞技体育的高质量发展，在助力构建体育强国的过程中显得力不从心。[②] 竞技体育人才培养沿用的"三级训练网"模式，虽然发挥着巨大作用，但随着时代的发展已然面临诸多困境，如竞赛项目布局失衡，人才输送通道狭窄，文化教育短板明显，基层教练不足等。

随着人才培养模式弊端的日益凸显，竞技体育后备人才培养需向多元化方向发展，拓宽人才输送的渠道，因此学校体育人才培养体系逐渐成为关注焦点。体教融合政策的目标就是将竞技体育后备人才培养置于国民教育体系中，解决学生文化学习与体育训练之间的矛盾，从而培养更多高质量的优秀竞技体育人才。学校体育竞赛体系的完善是体教融合的关键一环，对竞技体育后备人

---

① 黄雅鑫：《体教融合背景下青少年参与体育竞赛的实施路径》，《田径》2022年第4期。

② 杨蒙蒙：《体教融合背景下学校体育竞赛体系价值、困境与完善路径》，《体育文化导刊》2021年第10期。

才的培养具有关键性的作用。首先，拓宽竞技体育人才培养渠道。学校教育系统拥有最广泛、最扎实的学生人口基础，是培养优秀竞技体育后备力量的理想领域，也是体育强国竞技体育后备人才培养的有效经验[①]。完善学校体育竞赛体系不仅可以动员全体学生参与体育运动和体育竞赛，保障学生在接受完整的文化学习的环境中从事系统的运动训练和体育竞赛，扩大竞技体育后备人才数量，将学校体育竞赛纳入学校教育范围，借助国民教育体系培养更多的优秀竞技体育人才。其次，提升竞技体育人才培养质量。运动员文化素养较低一直是影响我国竞技体育人才培养的弊端，并导致很多的社会问题，如运动员退役后就业难、社会适应能力弱等。

完善学校体育竞赛体系可以充分发挥体育竞赛的教育价值，保障运动员的文化教育，通过体育竞赛选拔和培养具有运动潜力的学生，将优秀的学生不断向更高联赛输送，在保障文化学习的基础上充分挖掘学生的运动天赋，实现竞技体育后备人才的培养，打消社会和家庭对体育尖子生参加体育训练和比赛的顾虑。因此，完善学校体育竞赛体系既可以发挥学校教育和运动训练的基础作用，又可以保障学生运动员的文化教育，全面提升学生运动员的素养，培养更多高质量的体育人才，夯实竞技体育人才培养的基础。

四、培育体育竞赛市场，促进体育产业发展

体育比赛不仅是体育产业的核心部分，也是推动体育市场发展的关键因素。我国目前体育竞赛市场还处于计划经济时期，在竞技体育和群众体育中都存在严重的"运动员荒"现象，而青少年体育消费市场则尚未完全打开。对青少年体育竞赛体系的完善有助于加快其市场化进程，推动青少年体育消费的增长，这包括培养更多的体育消费人群，丰富竞赛产品的供应，并形成体育的核心产业。在此背景下，我国应当加快推进青少年体育竞赛体制机制改革，为培

育体育消费市场奠定坚实的基础。

一是培育更多的体育消费者。青少年参加体育竞赛有利于他们树立终身锻炼观念，提高身体素质，增强社会适应能力。当青少年频繁地参与体育比赛时，不但可以增强他们的运动技能，而且能够培育他们的体育观念，形成健康的体育习惯。这样的参与不仅可以带来显著的经济回报，还有助于培育他们的潜在消费者群体。因此，完善青少年体育比赛体系是实现我国体育产业快速健康发展的有效途径之一。从经济学的角度出发，对青少年体育竞赛体系的完善不但能促进体育培训、体育用品和体育表演等多个行业的发展，还能提高参与体育活动的人数和质量，从而间接促成体育消费的增长。通过开展各类比赛活动来拉动消费市场，促进体育产业发展。

二是需要增加青少年竞赛相关产品的供应。青少年体育竞赛是我国竞技体育事业的重要组成部分，也是我国社会主义精神文明建设的一个重要阵地，对国家经济发展具有积极作用。对青少年体育竞赛体系的完善不但能提供内容丰富、形式多样、专业化的赛事供应，还能扩大青少年体育竞赛的规模，提高体育竞赛的质量，营造一个良好的竞赛氛围，让广大学生有机会观看和参与体育竞赛。创建高质量的青少年体育赛事，可以吸引更多的企业赞助投资，提升社会影响力，同时也能为青少年运动员提供更好的就业岗位，促进其成长成才，实现"体教结合"，满足国家对竞技人才的需求，推动中国体育事业持续健康稳定发展。

三是塑造体育产业的核心地位，为青少年的竞赛成长提供支持。体育是国家战略产业之一，在国民经济中占有重要位置。体育比赛被视为体育产业的中心，随着市场经济的发展，青少年体育比赛逐渐成为赞助商、企业和商业联赛的关注中心。通过体育教育培训机构举办青少年体育项目比赛，既为我国体育事业注入活力，又为青少年体育运动培养后备人才。对青少年体育竞赛体系的完善不仅能够塑造赛事的品牌形象，扩大社会影响力，提高社会占位，还能带来经济和社会双重效益，有助于推动学校体育竞赛的持续健康发展。

第五节　青少年体育竞赛体系现代化的价值向度

在体育与教育融合的全过程中，青少年体育竞赛体系具有不可或缺的影响力，是深化体育与教育融合的一项核心环节。通过开展多种体育竞赛，不仅可以发掘和培育出高水平的竞技体育人才，还能够在社会环境中建立起一个积极而浓烈的体育文化氛围，进而对青少年的健康成长产生正面推动效应。

在此之前，青少年体育竞赛的焦点更多地放在发掘和培育高素质的竞技运动员，并通过竞赛制度逐步向上层输送优秀人才。而体教融合使得体育竞赛的参与和受益范围得到扩大，在鼓励所有青少年学生更加积极地参与体育竞赛的过程中，非常注重加强他们的体能，进一步促进他们的健康成长和终身锻炼观念。《意见》还明确强调需要加强体育与教育的结合，促进文化和体育的均衡发展，学校在学生的课余时间组织多种多样的体育赛事，确保在学习和锻炼时都不出错，从而全面地推动学生成长和发展。

除此之外，运动比赛也有可能促进体育行业的快速成长，进一步促进社会和经济的健康发展。举例来说，青少年选择参加体育比赛以获得优越成绩，他们会选择接受专业的训练，在运动时配备运动装、运动鞋等体育装备，这不仅会产生更多直接的消费，而且能推动体育运动的培训和用品市场，进一步促进社会经济的进步。所以，我们应当进一步完善青少年的体育比赛机制，加深体育与宗教的整合，在此过程中选拔出优秀的体育竞赛预备人员，最大化地利用体育的育人潜力，从而助推青少年的全面和健康发展，为达到体育强国的愿景提供支持。青少年体育竞赛体系现代化的价值向度体现在三个方面：一是青少年全面发展，二是体育后备人才基础，三是体育现代化改革。

一、促进青少年全面发展

体育竞赛作为体教融合的关键实践环节，其承担着为国家培养竞技体育后备人才和促进青少年全面发展的双重任务。在体教配合和体教结合阶段，采用举国体制的金牌战略，青少年体育竞赛更注重的是竞技体育后备人才的培养和选拔，通过比赛成绩将优秀的运动员推荐给上一级，承担着运动员的培养与输送工作。

随着《关于深化体教融合 促进青少年健康发展的意见》的颁布，体教融合正式拉开帷幕，竞技体育人才的培养模式进入了改革浪潮，逐渐地融合到国民教育体系中。体育竞赛的价值不再局限于竞技体育后备人才的培养，它对于实现学校体育"四位一体"目标，对培养五育全面发展的社会主义接班人等具有重要的意义。

从教育视角出发，青少年体育的根本宗旨是通过传授体育与健康知识、运动技能和发展体能等手段来提高青少年体质健康水平，养成学生良好的健康行为和体育品德。体育竞赛作为体育的重要构成部分，其价值不限于甄选和培养竞技体育后备人才，实现人人参与体育竞赛亦是新时代青少年体育竞赛体系构建的美好愿景，让每个学生都能在体育竞赛中获得成长。因此，完善的青少年体育竞赛体系有助于青少年全面发展教育诉求的实现。

二、夯实竞技体育后备人才基础

竞技体育后备人才的培养已进入发展瓶颈期，后备人才金字塔的塔基正在萎缩。随着社会主义市场经济改革的进一步深化，在计划经济体制下衍生的"体校→省市体工队→国家队"的"三级训练网"体系已难以推动新时代竞技体育的高质量发展，在助力体育强国建设的过程中力不从心。竞技体育高质量发展，需要强大的竞技体育后备人才队伍，需要多元化的后备人才输送路径。但是，当前我国竞技体育人才培养的主要基地是各级各类体育学校。

国家体育总局的统计数据表明，我国95%以上的奥运冠军都经历了体校的学习历程。然而，随着市、县级体育机构改革，基层体育职能部门的功能弱化，体校逐渐萎缩。此外，学训矛盾、运动员升学和退役后就业难等问题俨然成为阻碍家长对其子女坚持体育训练的重要因素，这也使得以竞技体育后备人才培养为目的的体校招生困难，面临严重的生存危机。

据统计，我国的青少年业余体校持续减少，从1990年的3687所减少至2017年的各类少儿体校1673所，众多竞技体育项目人才储备出现严重不足的现象，亟需拓宽人才输送渠道。毋庸置疑，从计划经济时代到社会主义市场经济时代，体育学校对我国竞技体育的发展作出了巨大贡献，但新时代体育高质量发展需要改革竞技体系，作为青少年体育竞技体育后备人才的培养和选拔体系的主要阵地，自然要顺应时代需求，融合教育和体育竞技资源，健全分学段（小学、初中、高中、大学）、多层级（县、市、省、国家）的体育竞技体系，实现基础扎实、层层衔接、多元共促的青少年体育人才培养体系。

三、深化学校体育的现代化改革

学校体育高质量发展是实现体育强国的应然之举。学校体育是竞技体育和群众体育发展的根基，纵观世界体育强国的竞技体育人才培养体系，大多以学校作为竞技体育人才选拔的主渠道。从体教配合到体教结合，再到当前体教融合的演进脉络，体育与教育发展的内在逻辑关系已然愈加清晰，学校体育工作在实现国家教育和竞技体育高质量发展中的地位和使命担当显得愈发重要。

青少年体育竞赛体系的重构是学校体育改革的重要途径，是现代化发展的需要，其发展直接影响青少年学生的体质健康水平和健康行为的养成。学校体

育应立足新起点，明晰自身的历史方位和价值取向，进一步深化竞赛体系改革，构建丰富的学校体育赛事，同时融合校外 U 系列等各级各类青少年学生体育赛事，秉承体育竞赛的综合育人价值，实现以体树人的根本任务。

第二章　青少年体育竞赛体系的研究

第一节　国内相关研究

一、青少年体育研究现状

有关青少年体育的课题是近年来国内学者研究的热点，在 CNKI 中以"青少年""体育"为检索词进行篇名检索发现，有关文献的时间跨度从 1964 年至今，数量有 3 万余篇，2001 年突破百位数，2007 年开始相关研究成果基本上是逐年增加（图 1），近几年我国关于青少年体育的研究呈现出持续"高热"的趋势。

我国对青少年体育的研究起步较晚，总体而言，研究的理论框架还存在不足，实践经验也需要时间的锤炼与积累。目前，我国政府、学校和社会均从不同的角度与层面对青少年体育发展有所关注也给予了大力的政策支持，并在实践中探索促进青少年体育发展的有效经验，从而推动青少年体育的健康快速发展。青少年体育具有极高的学术关注度，相关研究主题主要集中在校园足球、体教融合、体质健康、后备人才、学校体育等方面（图 2）。近些年研究的热点主要是青少年学校体育，这与 2020 年《关于深化体教融合 促进青少年健康发展的意见》等政策息息相关。

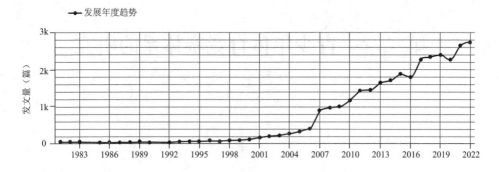

图1　青少年体育研究论文发表量的年度分布

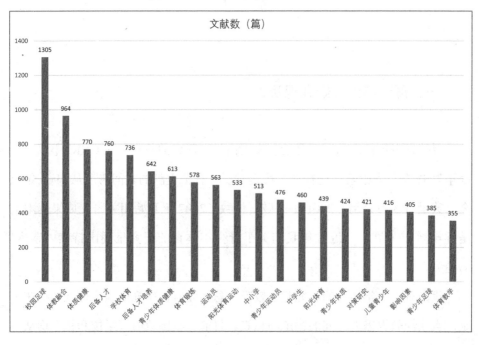

图2　青少年体育相关研究的主要主题分布

（一）关于校园足球的研究

校园足球是目前青少年体育相关研究中热度最高的一个主题，这与我国校园足球政策的颁布密切相关。2015年7月，教育部连同其他五个部门共同发布了《关于加速青少年校园足球发展的具体指导方针》，明确规定教育领域是青少年校园足球的管理机构。此指导方针进一步深化了对青少年校园足球的推进、立德树人的教育目标及实践社会主义核心价值观的理解，并对青少年校园足球的作用和价值进行了全新的解读。[①]

2020 年的 8 月，教育部连同其他七个部门共同公布了《全国青少年校园足球八大体系建设行动计划》（简称《计划》）。《计划》强调，目前，全国校园足球的核心工作是热心推动"传播、教育、示范、比赛、整合、荣誉、科学研究以及公众舆论导向"八大体制的建设。"八大体系"的构建涉及国家针对青少年的校园足球活动，涉及推广到比赛联赛、教育与培训、体育与教学的紧密结合、教职员工的配备和宣传引导等方面。这是目前中国加强校园足球业务、改进管理体系和提高治理能力的核心职责。此外，国家发布的关于学校体育变革及其发展的文件中都多次强调了这一点：学校足球作为学校体育改革和体教结合发展的重要手段，应该将从校园足球工作中积累的实践经验推广到篮球、排球等其他体育项目中，以进一步推动学校体育整体改革的深入进行。[②]

青少年校园足球作为青少年体育发展与体教结合的研究项目，已逐渐成为学术界的关注焦点。随着研究热度的上升，众多学者从校园足球的政策、制度设计、目前状态、遭遇的困境及可能的发展路径等方面进行了广泛的探讨，并获得了众多宝贵的研究发现。

关于校园足球当前的进展状况，我国学术界已进行了深度探讨，并制定了具体的发展策略。针对校园足球发展存在的不均衡情况，陈永存建议一个结合协调与一体化的发展策略，旨在从城市到乡村、从大学到中学、从家庭和学校

---

① 邵凯：《改革背景下我国体育事业发展的公共价值回转——基于 3 个关键事件的解读》，《南京体育学院学报（社会科学版）》2015 年第 3 期。

② 尤佳：《体教融合背景下我国青少年足球竞赛治理研究》，硕士学位论文，天津体育学院，2022 年。

到社会等多方面推动和谐发展。刘海元和相关学者对各个县（区）的校园足球试点、校园足球特色学校以及满天星训练营的发展状况进行了详尽、深入的研究和解析，并为校园足球发展提供了一系列切实可行的方案和改革建议。

另外，学校足球赛事的主要挑战可以分为四个领域：一是高级管理部门的内部工作流程有待进一步完善。龚波提议，在教育部旗下的"体卫艺司""全国校足办"和"学生体育协会"这三大部门都应有各自的责任，负责管理与校园足球相关的业务事务。然而，这三个部门在权力范围、行政层次和组织性质上呈现出显著的不同，既存在明确的职责划分，也存在职责重叠和交叉，这种角色与职责之间的不明确关联使得学校足球工作难以有效进行。二是在体育赛事管理方面，因为报名流程、赛事通告、资质审核以及赛事的组织等各环节之间的沟通和协作不健全，经常导致比赛内容的交叉和重复。[①] 针对四级联赛，我们需要深入地探讨其整体策划、协同操作和连接的重要性。毛振明主张，为了让校园足球竞赛对每位学生都有效，我们应该既普及又关心精英，将校园足球融入教学中，并与校园体育文化相结合，以激发更多学生对系列足球比赛的持续关注。[②] 三是锦标主义问题仍然严峻。违反体育精神与体育道德的违规违纪事件屡见不鲜，造成不良的社会影响。四是赛事的宣传与保障机制仍不健全。

（二）关于体教融合的研究

在《关于深化体教融合 以促进青少年健康成长的意见》中强调，为了进一步推进体教融合在青少年健康成长方面的作用，教育应当坚持"健康优先"的观点，促进青少年在文化学习和体育活动上的和谐进展。此外，学校应更加重

---

① 龚波：《当前我国校园足球若干重大问题探讨》，《上海体育学院学报》2017年第1期。

② 毛振明：《新校园足球的成果审视与发展建言》，《上海体育学院学报》2018年第1期。

视体育教学，完善青少年体育比赛体制，以便学生能够在锻炼中体验乐趣，增强身体素质，完善个性品质，锤炼意志力，并培养出全面发展的社会主义建设者和未来领导者。[①] 刘海元（2020）在描述"体教融合"发展时期时明确表示，这是我国竞技体育管理及运作方式经历的逐步演变与变革的结果。其发展路径包括"完全没有体教的融合阶段""主要围绕体教结合""结合体教，以教育为核心力量""体教合一，但仍面临挑战"和"体教融合"的逐步演进。[②] 毛振明（2021）对中国青少年在体育发展中的"体教分离""体教结合""体教合一"和"体教回归"的逻辑进行了深入剖析，他认为这两种教育方式仅仅是一个改革过程，而最终的目标是真正实现"体教合一"。[③] 柳鸣毅在研究体教融合的历史背景时，首先详细回顾了我国关于青少年体育健康推广的历史记录，他强调从"体教结合"转变到"体教融合"的整个历史进程，其实是国家在体育和教育管理体系、管理能力上进行持续优化和发展的现代化旅程。[④] 钟秉枢（2020）对体教融合的发展历程做了深刻的经验和教训总结，分析了青少年健康发展面临的体育与教育关系问题，即金牌体育和应试教育使体育远离学生。[⑤]

从《意见》发布到现在，很多学者对体教一体化的深层含义和实际价值进行了深入且系列化的研究，已经获得不少有价值的研究进展。柳鸣毅（2020）

---

① 李爱群：《理念·方法·路径：体教融合的理论阐释与实践探讨——"体教融合：理念·方法·路径"学术研讨会述评》，《武汉体育学院学报》2020年第7期。

② 刘海元：《对贯彻落实〈关于深化体教融合促进青少年健康发展的意见〉的思考》，《体育学刊》2020年第6期。

③ 毛振明：《从"体教分离"到"体教融合"再到"体回归教"的中国逻辑》，《体育学研究》2021年第4期。

④ 柳鸣毅、丁煌：《我国体教融合的顶层设计、政策指引与推进路径》，《上海体育学院学报》2020年第10期。

⑤ 钟秉枢：《问题与展望：体教融合促进青少年健康发展》，《上海体育学院学报》2020年第10期。

清晰地提出体育与教育整合的新方向，这既是为了青少年的健康发展，也为体育领域培育备用人才设立了新的目标。[1] 孙科（2021）明确指明，"体教融合"的目标群体和重点已经发生了变革，由之前专注于运动员人群，转为关注整个青少年群体。他进一步提出，应该促进青少年在文化学习和体育锻炼两个方向上的协调发展，并在竞技体育人才的培养中实现多元化，以推动竞技体育人才培养模式的全面改革。[2]

前述专家均指出，体教融合策略应有双重目标导向，进而清晰定义了体教融合的未来走向。还有众多的学者，他们从竞技能力人才的培育和学校体育的革新两个维度，对体育与教育结合发展的目标进行了深入的讨论。周爱光（2021）明确强调，体教结合的核心理念与显著属性使其成为青少年体育和学校体育改革的紧迫性和必要性，只有当这两者同步推进，才能真正达成体教整合的目标。[3] 王家宏（2021）、毛振明（2020）的观点明确，认为体育回归教育是体教融合的现实选择与必然归宿，[4] 中国竞技体育发展中的诸多问题的解决都与教育相关，都需要体育界向教育界逐渐靠拢、结合、融合乃至回归。

体教融合的最终目标应该是"将青少年竞技体育回归到国民教育体系内，使中国的竞技体育和青少年运动员在国民教育体系内健康可持续地发展"。[5] 刘波（2020）和其他人主张体育与教育整合为我国的竞技体育人才培养模式开辟了新的道路，这为我国竞技体育的后备人才培育提供了一个摆脱困境、迈向

---

[1] 柳鸣毅：《体教融合目标新指向：青少年健康促进与体育后备人才培养》，《体育科学》2020年第10期。

[2] 孙科：《中国特色体教融合发展思考——对〈关于深化体教融合 促进青少年健康发展意见〉的诠释》，《成都体育学院学报》2021年第1期。

[3] 周爱光：《体教融合背景下我国学校体育改革的思考》，《体育学刊》2021年第2期。

[4] 王家宏：《体育回归教育：体教融合的现实选择与必然归宿》，《北京体育大学学报》2021年第1期。

[5] 毛振明：《论体教融合的问题缘起与目标指向》，《体育学研究》2020年第5期。

高品质进展的明确指导。① 杨桦（2021）提出了在院校化、市场化以及社会融入三个主要方向，通过队校、校企合作、双高中模式、校园协同体、校场、校地和校家七种不同的体育教育综合方式来培育竞技体育人才。②

以上是学术界专家对体教融合政策的阐述、发展趋势的探析以及融合途径的讨论，他们基本达成了一个学术共识，那就是体教合一不仅有助于青少年的身心全面发展，而且肩负起培训我国青少年体育运动员的重要责任。对于学校体育改革，形势迫使我们必须采取行动，体育体系与整个教育体系需要共同合作，从而达成青少年体育"广泛普及与持续提升"的双重使命。

（三）关于体育后备人才的研究

在新时代体育与教育融合大背景下，青少年体育后备人才培养的战略方向已经发生了转变。为了实现全体青少年学生体质健康的全面提升，我们应该推动体育后备人才培养朝着可持续发展的方向前进。当前我国青少年体育后备人才培养存在着"重竞技轻素质""重数量轻质量"等问题。在新的时代背景下，为了培养青少年的体育后备力量，我们必须构建一个科学的人才培养框架，并持续推进教育体制的深度改革。我国现行的青少年体育后备人才培养模式存在着诸多弊端，需要通过创新体制机制来完善和改进。在体育强国和体教融合的新时代背景下，我们需要明确青少年体育后备人才培养与学校体育的全面发展、青少年体质健康的全面增强之间的逻辑关系，推动青少年体育后备人才培养的多元化路径的实现，多元主体共同参与、协同共治。

关于后备人才的培养模式，已有大量的研究成果。我国的竞技体育人才培

---

① 刘波：《体教融合：新时代中国特色竞技体育后备人才培养的诉求、困境与探索》，《体育学刊》2020 年第 6 期。

② 杨桦：《体教融合：中国特色竞技体育后备人才培养模式转化与创新》，《成都体育学院学报》2021 年第 3 期。

养一直采用"金字塔式"的三级训练体制，但随着社会、经济的进步，培养模式呈现出多元化的发展趋势，这主要体现在管理主体、培养方式和经费来源渠道的多元化。

基于国内外优秀运动员成长规律的研究分析，可知当前我国青少年体育后备人才在培育过程中还存在着诸多问题与不足。阳艺武（2021）指出，在新时代背景下，青少年体育后备人才需要面对一个协同治理的社会氛围、多元化的体育功能共识以及充满矛盾的人才培养问题，我们还面临着环境的扭曲、制度的不完善、运作机制的不平衡以及新模式的丧失等实际问题，在此基础上需要构建出包括培育理念融合、价值取向融合、教育体系融合、组织保障融合、资金支持融合、政策扶持融合在内的新型后备人才培养模式框架。

在未来的发展过程中，我们应当重视加深思想的整合，努力创造一个有利于发展的环境；推动目标的整合，消除制度性的障碍；促进资源的整合，确保培训机制的畅通无阻；强化能力融合，增强创新能力。加速各种措施的整合，并探索新的发展策略。① 研究指出，新旧体教的融合在概念定义、培训的主体、培训的目标、被关注的群体以及工作内容等方面都有着明显的不同。

新时代中国特色社会主义思想对竞技体育后备人才提出了更高要求。张波和他的团队指出，自改革开放以来，我国的竞技体育后备人才培养方式已从"国家培养"的单一模式，逐渐演变为学校、职业体育俱乐部、企事业单位以及个体和家庭共同参与的多元化发展模式。陈静等人则指出，当前我国竞技体育后备人才主要是由政府主导的"精英型"运动员，而非社会组织所提供的"大众型"或"业余型"运动员。

为了进一步推动竞技体育后备人才的培养模式改革，我们必须明确发展

---

① 阳艺武：《体教融合背景下青少年体育后备人才培养的现实审视与战略取向》，《武汉体育学院学报》2021 年第 1 期。

目标，进行管理体制的改革，并完善人才培养和训练的体系。李林海对竞技体育后备人才的培养模式进行了总结，提出了"举国体制培养模式""清华模式""温州模式"和"丁俊晖模式"四种不同的培养模式。经过深入的对比和分析，他认为竞技体育后备人才培养模式的整合策略应该以"举国体制培养模式"中的学校作为主要的整合对象。他建议以三大体制改革作为基本的整合途径，以实现这四种模式的和谐发展为终极目标，努力构建一个结构合理、管理有序、效率为先，同时考虑各方利益的综合支持和服务体系。

　　学者们采用了多种研究手段来分析我国竞技体育后备人才的培养状况，深入探讨了他们所面临的挑战，并寻求了新的发展方向。谢云（2022）指出，我国在竞技体育后备人才的培养方面存在人才储备不足和培养数量有限的问题：一是人才培养的成功率相对较低，其培养效果仍需进一步优化；二是项目布局不合理，缺乏核心优势项目等特点；三是投入与产出的比例偏低，其培养方式呈现出"粗放式"；四是教育观念落后，训练内容单一等问题。教育与训练之间存在明显的矛盾，而培养的质量呈现出单一的维度；人才的构成存在不平衡，培训的方向也不均匀；另外还面临退役安置的难题和出口培养的单调性等多种挑战。针对这些问题，结合"一带一路"倡议对人才培养需求和地方高校发展实际，文章从宏观上分析了构建以专业群建设为核心的应用型本科院校课程体系的必要性。针对这一问题，我们提出了加强体系架构和顶层设计的相应建议：一是通过整合多个方面的资源，最大限度地发掘社会各方面的潜能；二是加深体育与教育的结合，为学校体育打下坚实的基础；三是完善评价体系，促进学生体质健康持续改善。

　　为了提升人才选拔的科学性，我们需要优化选拔人才的机制。[①] 付旭东从

---

① 谢云：《我国竞技体育后备人才培养：发展现状与路径选择》，《天津体育学院学报》2022 年第 5 期。

社会变迁的视角深入探讨了我国竞技体育后备人才培养中存在的问题，他建议为了更好地培养我国的竞技体育后备人才，我们应该结合当前的时代背景和地区特点，适当地进行社会化和商业化，以增加资金来源；我们需要创新教育方法，灵活地实施"体育与教学相结合"的策略，并提出了完善奖励机制和强化制度管理的建议。

目前，国内关于竞技体育后备人才培养的研究成果很多，但大多集中在理论层面和经验借鉴上。赵杨在他的硕士论文中明确指出，我国在竞技体育后备人才培养方面存在一系列问题，如招生困难、基层赛事缺乏活力、学习与训练之间的矛盾难以调和，以及科研水平需要进一步提升等。针对这些问题，他提出了一系列改进建议，包括完善人才培养体系、优化项目布局、提升选拔和训练质量，以及创新青少年体育赛事制度等。其中，对于各省竞技体育后备人才选拔与输送机制以及竞赛制度建设都有详细论述。

众多学者对各个省份的竞技体育后备人才培养进行了深入研究。例如，陈为群、王静、钟新生等学者对厦门市和湖北省的竞技体育后备人才培养状况进行了详细探讨，旨在为地方竞技体育后备人才的培养提供有价值的参考策略。观察当前我国竞技体育后备人才培养所遭遇的复杂状况，我们可以看到它仍处于一个过渡时期，大部分还需要依赖于全国方面的体制。在体教融合的大环境下，如何创新和改革竞技体育后备人才的培养模式，仍然是一个迫切需要解决的时代问题。

（四）关于青少年体质健康的研究

随着健康中国2030计划的提出和体育强国理念的不断发展，青少年的体质情况已成为社会时刻注意的焦点问题。青少年作为国家的希望，青少年的体质状况与国家的发展密切关联，通过总结国内该领域的研究现状及进展，以期为我国青少年体质健康促进研究领域提供理论基础。国内对于青少年体质健康促进的研究多以学校内的体育活动为主。

杨三军（2021）从分析我国青少年体质健康存在的主要问题和影响青少年参与体育活动的因素入手，提出了深化体教融合促进青少年体质健康发展的实践路径，即构建多维度的体教融合价值体系；建立青少年体质健康发展的多主体联动机制；理顺联动机制供需主体的关系；有效开发学校体育资源，实现青少年体质健康的可持续发展。在此基础上，他提出构建青少年体质健康发展的综合保障机制，为推动青少年体质健康发展的提供良好环境。[①] 李冲（2022）研究提出我国青少年体质健康治理过程中存在"即兴式"举措多于制度规范导致治理体制法治保障欠缺，"风险控制型"治理方式导致治理路径本末倒置，治理系统内部主体间联动合作匮乏降低治理效率，治理手段与方法难以适应实际治理的复杂化要求等问题，并针对这些问题提出推动青少年体质健康治理法治化进程，建立治理行为规范体系；以"主动健康"理念为引领，创建"防治一体"全域联动治理体系；融合区块链、AI 等新兴技术，实施"数据－智慧"治理工程；构建青少年体质健康治理评估体系，促成"以评促治"良性循环等策略。[②]

在儿童、青少年体质健康评价指标方面，我国学者也进行了一系列的研究，为我国学生体质健康评价提供了重要的参考依据。王建（2016）认为我国青少年体质健康测评历经性能关联、技能关联、健康关联、健状关联四个历史更迭阶段。他指出我国青少年体质健康测评的生态系统要实现指标向度由技能关联转向健状关联、测评作用由教学评估转向健康评估、课程策略由体育课程转向体质课程、经费投入由财政投入转向市场投入等四个方面的转变，并提出

[①] 杨三军、刘波：《深化体教融合促进青少年体质健康的现实诉求、实践路径与保障机制》，《西安体育学院学报》2021 年第 3 期。

[②] 李冲、史曙生：《我国青少年体质健康治理现代化：基本逻辑、现实审思与未来展望》，《上海体育学院学报》2022 年第 6 期。

我国青少年体质健康发展要从政府管理向社会治理转型,其中政府行政部门是服务主导,社会团体组织是核心主体,经济市场机构是有益补充,还要加强外部生态环境的支持。[1]

季浏(2021)在"体教融合"背景下,采用立意抽样法、层次分析法、LMS 法等完成被试抽样、指标筛选、权重确定、体质健康评价指标、成绩界值点确定等标准制定的相关程序,分析我国儿童、青少年体质健康评价指标,探索制定相应新评价标准。研究指出,《中国儿童青少年体质健康新评价标准》涵盖了六个主要指标(身体成分、心肺耐力、力量、柔韧性、速度、灵敏协调性)以及九个次要指标(BMI、腰围、20 米往返跑、握力、30 秒仰卧起坐、立定跳远、50 米跑、20 秒反复横跨、坐位体前屈)。这一新的评价标准在系统性、科学性和实用性方面都表现得相当出色。新的评估标准增加了心肺耐力、力量和身体成分的指标权重,这在一定程度上有助于提升我国儿童、青少年的心肺耐力水平,阻止力量素质的持续下降,控制超重和肥胖的快速增加;新评价标准将"身高"作为一项独立的指标纳入其中,有利于更好地体现各年龄阶段生长发育规律。依据全国范围内广泛的学生体质健康测试数据,新的评价标准所确定的各个单项指标等级的界值点,可以作为评估学生体质健康的重要参考依据。[2]

(五)关于学校体育的研究

新时代,党中央高度重视我国体育事业的发展,在实现"两个一百年"奋斗目标的历史交汇点上,学校体育的发展进入新的起点。建设体育强国、健康

---

[1] 王健:《我国青少年体质健康测评的历史演进与生态重建——我们需要什么样的"体质"》,《武汉体育学院学报》2016 年第 2 期。

[2] 季浏:《"体教融合"背景下我国儿童青少年体质健康评价标准的探索性研究》,《体育科学》2021 年第 3 期。

中国和教育强国，进而实现中华民族伟大复兴中国梦都将肩负于青年一代的身上，青年学生的身体健康关乎国家的昌盛、民族的未来。新时代学校体育工作在实现国家教育高质量发展中具有重要的地位和使命担当。

季浏等（2019）基于党的十九大精神，系统论述了新时代赋予学校体育发展的新要求，即着力解决学校体育发展中的不平衡、不充分问题，切实保障学生在学校体育发展中有更多获得感，充分挖掘与发挥学校体育的德育功能，协调好普及与提高的关系，助力体育强国建设。在落实这些新要求时，一是构建学校体育多元治理体系，更好地满足学生的美好生活需要；二是完善学校体育法律法规，为学校体育发展提供法治保障；三是健全跨部门协同治理机制，破解学校体育的复合型问题；四是深化体育与健康课程改革，落实学校体育的德育价值；五是加强体育师资队伍建设，提高体育教师专业化发展水平；六是广泛开展丰富多样的运动竞赛，培养更多高水平运动员；七是转变学校体育发展成效的评估理念，让学生有更多获得感。[1]

毛振明（2021）将新时代中国学校体育面临的重要问题反映在五组"热词"之中，包括代表学校体育的时代价值和定位问题"立德树人""四位一体"和"以体树人"，代表当前大幅度、大面积提升学生体质的现实需要问题的"健康中国2030""体质提升'三精准'"，代表体育课程的价值体现和科学性问题的"教会、勤练、常赛""大中小学课程一体化""体育走班制教学"，代表解决历史形成的"体教分离""举国体制"制度困局的问题的"体教融合""校园足球"，代表如何在应试教育条件下利用考试制度创新推进素质教育问题的"中考体育""高考体育"。[2]

季浏（2020）分析我国20年基础教育体育新课改中的若干问题，包括体

---

① 季浏：《新时代我国学校体育改革与发展》，《体育科学》2019年第3期。

② 毛振明：《中国学校体育改革与发展若干重大问题解析——从当下学校体育改革5组"热词"说起》，《上海体育学院学报》2021年第4期。

育新课改是健康与技术之争、唯兴趣论，是对现实问题的把握和分析存在认识偏差、缺乏理论和实践基础、模糊了课程目标、缺乏体育课程教学内容的指导、否定传统教学方法、否定教师评价和结果评价、否定教师教育的主导地位、出现一条错误的问题认识和解决链条等方面，并对其进行回应。[①]

在学校体育政策改革研究方面，杨雅晰等（2019）指出，我国学校体育政策在改革开放四十多年间的演变经历了恢复重建阶段、规范完善阶段和深入发展阶段。新时代学校体育政策的取向应该服务两大强国战略，凸显学校体育价值；完善政策顶层设计，激发地方学校参与；家庭学校社会结合，完善政策执行体系；多元评价主体参与，确保政策有效执行，以期早日实现学校体育治理体系建设和治理能力现代化。许弘（2019）的研究指出，学校体育改革在过去的四十年中可以分为四个主要阶段：调整恢复、巩固提高、改革探索和深化完善。目前，我国体育教学正处于由计划经济体制向社会主义市场经济体制转变的重要历史时期，社会经济结构转型升级对学校体育工作提出了新要求，也提供了难得的机遇。接下来，我们需要深入学习和实践党的十九大和全国教育大会的精神，坚定地走立德树人的道路，与国家的战略目标紧密结合，理解发展的内在规律，持续推进学校体育在教学、训练、竞赛和条件保障等方面全面改革，为提高教育品质和学校体育的整体改革与发展做出贡献。[②]

二、青少年体育赛事研究现状

国家体育总局为进一步深化体教融合，提出构建青少年健康促进、体育

---

① 季浏：《对我国 20 年基础教育体育新课改若干认识问题的澄清与分析》，《上海体育学院学报》2020 年第 1 期。

② 许弘：《改革开放 40 年学校体育发展的回顾与新时代改革发展的新定位和新视角》，《北京体育大学学报》2019 年第 5 期。

训练和体育竞赛"三大体系"。其中，完善体育竞赛体系是促进青少年积极
参与体育运动和训练的重要抓手，是深化体教融合的必经之路，因此受到
社会和学者们的高度关注。通过查阅相关文献发现，国内青少年体育竞赛体
系的相关研究成果颇丰，在CNKI中以"学生""体育竞赛"为检索词进行主
题检索，发现有关文献的时间跨度从1930年至今，数量超过4000篇（图3）。
2007年的数量已突破百位数，随后呈现出整体递增的趋势。这些相关文献从
不同角度对我国青少年体育竞赛体系进行了研究，其研究角度及相关理论值得
借鉴。

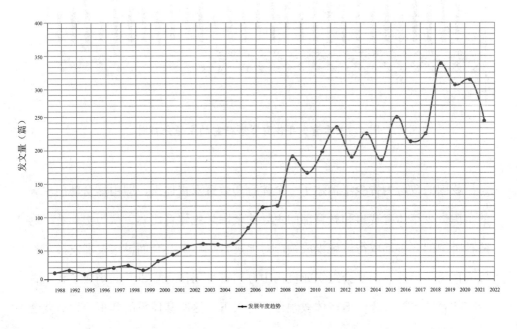

图3　关于青少年体育赛事研究的文章年度分布图

　　学者们从多角度、多学科、多层次对青少年体育竞赛体系进行了研究，相
关文献研究主要归纳为：体教融合背景下的体育竞赛改革、体育赛事开展现状
与发展思路、竞赛方法的设计、体制改革路径、价值分析、竞赛组织与管理、
赛事与校园文化建设、竞赛市场开发等方面（图4）。

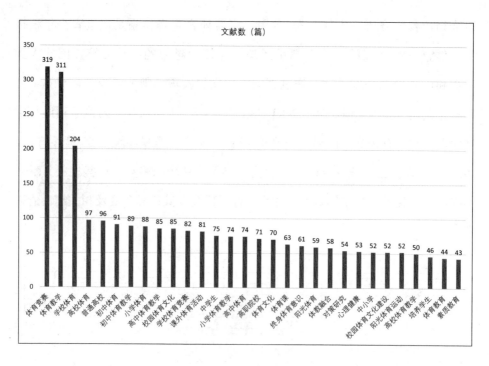

图 4 关于青少年体育赛事研究的主题分布图

我国的政府为青少年构建了一个体育和教育双重体系，即由体育部门主导的全国青少年体育赛事和教育部门主导的全国学生体育比赛。从历史上看，这两种类型的赛事都取得过辉煌成绩，对促进青少年身心全面健康发展发挥了积极的作用。另外，由社会组织或机构主办的青少年体育赛事共同构成了我国青少年体育赛事的整体，但在体教融合大背景下，这两套体系的赛事迫切需要逐渐整合。

本书主要采用文献资料法、专家访谈法和逻辑分析法对这两套体系展开深入剖析，旨在探究体教融合视域下青少年体育赛事存在的问题以及解决对策。在体教融合政策的推动下，我国青少年体育竞赛工作不仅加速了改革进程，还取得了一定程度的发展。特别是在新时代背景下，学校体育竞赛的价值和功能都得到了重新定位，并为竞赛工作赋予了新的意义和价值。同时，随着竞技体育事业的蓬勃发展和国家综合国力的不断增强，人们开始越来越多地关注体育运动背后所蕴藏的人文关怀与精神内涵。学者们对我国青少年体育竞赛和学校体育竞赛的发展历程进行了全面梳理，并总结和提炼出有用的经验。他们对竞赛的组织、执行、管理、运营和保障等多个方面进行了系统性的研究，为我国青少年体育竞赛的可持续发展提供了坚实的理论支持和实践参考。

（一）青少年体育竞赛体系的定义与内容界定

体育比赛的结构涵盖了多个方面。柳鸣毅针对青少年体育竞赛的核心价值、观念和发展路径进行了深入探讨，并总结出我国青少年体育赛事体系涵盖了明确赛事目标、确定赛事级别、制订赛事相关政策、确定赛事内容、分配赛事资源、吸引赛事组织以及组织赛事评估这七个关键环节。[1] 李卫东对青少年足球竞赛体系的发展模式提出了新的设想，他认为竞赛体系应该由组织结构、竞赛目标、赛事系统、规章制度和竞赛资源这五个核心要素组成，形成一个有机的整体。[2] 罗恒建议，青少年体育竞赛的结构应该是由教育体系和体育体系共同组成的"双轨制"模式。教育性指标是指国家或政府对体育事业发展所需人员数量和质量要求的具体量化标准，其目的在于通过制定统一规范的计划来促进我国体育人力资源向高水平转变。体育总局致力于培养竞技体育的后备力量，主要为体育学校、青少年俱乐部、体育传统项目的学生和青少年运动员组织全国青少年单项体育比赛、体育传统项目联赛、体育俱乐部联赛和全国青年运动会。所有运动员都需要在国家体育总局的运动员注册系统中完成注册，完成注册后，他们将无法参与由教育系统组织的全国学生体育比赛。教育部的主要服务对象是全日制的学校和在校学生，他们主导的全国青少年赛事涵盖了全

---

① 柳鸣毅：《我国青少年体育赛事体系研究》，博士学位论文，北京体育大学，2013。
② 李卫东：《我国青少年校园足球竞赛体系的研究》，博士学位论文，上海体育学院，2012。

国学生单项比赛和全国学生运动会（这是全国中学生运动会和全国大学生运动会的合并项目）。所有参赛的运动员都需要在学校的体育竞赛管理系统中完成注册。[①]

（二）我国青少年体育竞赛的现状与功能

青少年体育竞赛体系是推动学校体育竞赛发展的基本保障，也是落实体教融合战略的具体实践。相对于体育教学、训练、体质测试等工作，体育竞赛理应是青少年体育发展的强力杠杆。柳鸣毅（2021）提出青少年健康促进、体育训练和体育竞赛"三大体系"相辅相成，并全面的分析了"三大体系"的内在联系。其中，健康促进体系面向全体青少年，发挥出体育教育最重要的作用；体育训练体系是重要中枢，让青少年能够接受系统训练；体育竞赛体系则是杠杆，用以衡量前两大体系。有学者提出"要谋全局，按照《意见》要求，搭建和完善竞赛体系，为普通学校、竞技体育、社会俱乐部提供交流的平台，发挥赛事推进青少年体育普及的杠杆作用、检验体育训练成果的标尺作用及促进后备人才培养的助推器作用"。这充分肯定了体育竞赛体系在学校体育的价值定位，明确了改革方向，为本课题的研究提供了政策引导。杨蒙蒙（2021）认为，青少年体育竞赛具有深化学校体育改革，促进学生健康成长，夯实竞技体育基础，培养竞技体育人才，培育体育竞赛市场，带动体育产业发展的时代价值。[②]

在我国青少年体育竞赛中，"唯金牌论"和"锦标主义"等观念导致青少年体育的"成人化"趋势，严重阻碍了我国青少年体育比赛的健康进展。岳艳丽（2011）从社会学视角分析，当前我国青少年体育活动中出现"成人化"倾

---

① 罗恒：《体教融合背景下我国青少年体育赛事体系发展研究》，《体育研究与教育》2021年第5期。

② 杨蒙蒙：《体教融合背景下学校体育竞赛体系价值、困境与完善路径》，《体育文化导刊》2021年第10期。

向的原因及其影响，并提出相应对策建议。她强调，全国青少年比赛中经常出现"资格造假""篡改年龄"和"服用兴奋剂"等不良行为，这些都是违背体育伦理的行为，其根本原因在于追求奖牌和个人利益。[①]罗时铭（2015）指出，从 1956 年全国首套学校体育教学大纲发布之日起，苏联的学校体育"三中心"模式在我国逐渐确立，并对我国的学校体育产生了近五十年的深远影响。[②]

学校体育竞赛一直未受到应有方面的关注和重视，也没有将其置于学校体育活动的中心地位。特别是在一段相当长的时间里，由于职业竞技体育异化的负面影响，学校体育教学对体育竞赛的价值和功能定位存在显著的偏见。本书运用文献资料法、逻辑分析法、问卷调查法等研究方法，以"中国特色社会主义"为理论视角，分析学校体育竞赛中出现的一些新情况及产生原因，并提出相应对策。李静波（2010）指出，我国学校体育竞赛中存在的问题主要包括：过分重视少数体育高手、过分追求名次、缺乏深厚的人文内涵、交流层次不足以及存在虚假信息等，这些都忽视了体育竞赛的普及、体育文化建设以及体育价值的广泛传播。[③]上述问题揭示了我国学校体育比赛在知识、管理和评估等多个层面上的误区。因此，有必要对其进行反思与重构。

2020 年，中共中央、国务院《关于全面加强和改进新时代学校体育工作的意见》的发布，为体育竞赛的职能提供了新的解读。这对当前及未来一段时间内学校体育运动开展具有重要意义。特别是在当前深化体教融合的大背景下，钟秉枢（2020）强调体教融合后的青少年体育赛事体系应成为推动青少年健康成长的关键焦点。他提倡在普及与提高、休闲与竞技、学生广泛参与以及后备人才选拔等多个方面实现协调发展，以确保青少年体育竞赛的核心价值

---

① 岳艳丽：《我国青少年竞赛发展研究》，《体育文化导刊》2011 年第 6 期。

② 罗时铭：《当代中国学校体育的流派与争论》，《体育学刊》2015 年第 6 期。

③ 李静波：《我国学校体育竞赛八大问题与对策分析》，《体育文化导刊》2010 年第 4 期。

始终围绕着比赛所传递的体育精神。①

（三）青少年体育赛事管理

在全方位推动青少年体育赛事管理的过程中，我国学者也对赛事的组织管理、行政管理、赛事设置、赛事运行管理、规程要求、资格认定等方面的体育赛事管理问题进行了大量的研究。王守力（2021）强调，在当前"体教融合"大背景下，单项体育协会已经成为连接体育与教育的关键桥梁，它预计将成为解决体育与教育之间"合二为一"问题的重要社会力量。②

在体育与教育融合大背景下，钟秉枢（2020）强调青少年体育竞赛改革的重要性。他建议按照"一体化设计、一体化推进"的策略，将全国青运会、全国学生运动会、竞技序列的 U 系列比赛和学校体育赛事进行整合。他的目标是构建一个体育和教育部门紧密结合、遵循体育和教育发展规律的全国性青少年（学生）运动会，以及一个涵盖小学、初中、高中和大学四个级别的青少年体育赛事体系，并确保它与职业竞赛体系紧密结合。③

张晓敏（2014）对《全国青少年体育竞赛制度》等相关文件进行了详尽的分析，并建议：为了充分利用我国竞技体育的全国体制优势，应该整合全国青少年体育竞赛的资源，扩大竞赛的杠杆效应，激发各方参与体育活动的积极性。通过多层次、多元化和多途径的方法，加强优秀运动员的培养，加强新时代竞技体育后备人才的培养，不断丰富和完善我青少年体育竞赛：制度，完

---

① 钟秉枢：《体教融合背景下青少年体育赛事体系完善的路径研究》，《体育学研究》2020 年 5 期。

② 王守力：《体教融合背景下单项体育协会的功能维度及其实现路径》，《广州体育学院学报》2021 年第 4 期。

③ 钟秉枢：《体教融合背景下青少年体育赛事体系完善的路径研究》，《体育学研究》2020 年第 5 期。

善各级各类全国性青少年体育竞赛规则，并探索青少年体育赛事的创新管理体系，从而推动竞技体育的持续发展。[1]

　　针对中国青少年体育赛事体系存在的问题，柳鸣毅借鉴国外体育强国的赛事管理体系，提出我国青少年赛事体系应主要涵盖明确赛事目标、确定赛事层次、制定赛事政策、确定赛事内容、配置赛事资源、吸引赛事组织和组织赛事评价等七个关键方面的工作。他强调青少年体育赛事的目标应该是业余性和普及性，从工具性体育价值观转向人本主义价值观，需要加强政府服务的多功能性，让更多的部门参与体育赛事，构建多元化的青少年体育赛事体系。同时，还要建立科学系统的管理制度和规范来保障青少年体育赛事体系的健康发展。钟秉枢在研究体教融合背景下青少年体育赛事体系的完善路径时，对我国负责主办青少年体育赛事的体育部门和教育部门的两套体系进行了深度分析，并提出两者之间协同治理的措施。

　　目前，国内外有关青少年体育赛事管理体系的建设还不够健全，且缺乏系统而科学的理论依据作为指导。在我国，体育赛事的管理主要是在大规模赛事中进行的，而针对青少年的体育赛事也大多集中在某一特定领域。管理职责主要是加强政府的服务功能，促进多个部门共同参与体育活动，以构建一个多元化的青少年体育竞赛体系，但缺乏对市场和个人职能的明确划分。本书通过查阅大量文献资料，运用逻辑分析法与比较研究法，从多个视角出发，对国内现有的有关青少年体育赛事方面的研究成果进行梳理归纳，总结出当前学术界对青少年体育赛事体系建设所存在的问题以及解决途径。这批文献从不同的研究视角、采用的方法以及相关的理论框架等方面，为本书的研究课题提供了宝贵的理论支持。

---

　　① 张晓敏：《我国青少年体育竞赛与运动员注册管理的现状研究》，硕士学位论文，重庆大学，2014。

综上，本书通过对青少年体育赛事相关文献的综述，进一步明晰我国青少年体育赛事研究的发展现状，研究主要集中在青少年体育竞赛的价值定位、竞赛功能、赛事管理、竞赛体系现状等，主张通过体教融合政策的进一步落实，扩大青少年体育赛事的影响力，号召广大青少年学生参与体育赛事，感受体育竞赛的的魅力，形成良好的体育素养和体育品德。这些观点为青少年体育赛事的研究提供了深厚的理论基础。

第二节　国外相关研究现状

青少年体育竞赛体系的相关研究是世界各国学者研究的热点，国外相关的研究成果很多，研究的内容广泛、方法多样、队伍庞大，本书的研究契合了学术的发展趋势。本书对国外青少年体育竞赛体系的发展概况及优秀经验进行梳理和分析，可以更好地服务于我国学校体育的开展提供借鉴与启示。

目前，借鉴较多的是国外研究成果，包括英国、美国、日本、加拿大等。英国主要依靠体育行政管理部门和各类社会体育组织机构来承担青少年体育，主要通过一些政府专门计划来推动青少年体质健康和竞技人才的培养；美国学校体育是青少年体育发展的基石，青少年的体育训练、竞赛模式和体育管理体系形成一体化，校级体育组织发挥着重要作用，国家范围内的专项计划是推动青少年体质健康的主要途径；日本体育采取国家、都道府县、市町村以及地方四级垂直管理，并有众多的准政府组织以及非政府或志愿者参与其中，同时学校非常重视校内竞赛活动，主要兼顾学生兴趣爱好。青少年体育赛事的发展受到国家社会文化、经济发展、体育制度等多种因素影响，各国制定的政策法规也体现出该国的国情特色。

唐丽（2014）明确表示，在英国的体育金字塔人才流动结构中，采纳了一种结合体育与教育的开放培养策略。在这种模式下，青少年可以代表社区、学校或青少年体育俱乐部参与各种级别的比赛活动。那些展现出卓越运动才华的青少年将被"球探"所发掘，并有机会进入更高层次的俱乐部，参与更高层次的比赛。[1] 因此，优化竞技体育人才的流动机制成为竞技体育持续发展的关键推动力。本文采用文献资料法、逻辑分析法等方法，以伦敦奥运会为切入点，分析和探讨英国学校体育政策演变及影响因素，以期为我国高校竞技体育人才的培养提供理论借鉴。

周冬（2015）对近30年来英国学校体育政策的演变进行了深入研究，并通过回顾其从强调竞争性运动，到平衡运动与体育教育，再到重新关注竞技性运动的发展轨迹，强调了科学和合理的体育竞赛供应在青少年参与体育活动方面所起到的巨大作用。[2] 徐瑶（2020）对英国青少年体育竞赛的优化策略进行了深入的分析。例如，她在竞赛评价系统中设计了一个名为"发展品格与生活技能——精神评分"的系统，该系统通过诚实、团队合作、自信、激情、尊重和决心等六个维度来体现，并为每个维度分配了相应的分数。最终的比赛成绩是由竞赛结果和精神评分共同决定的[3]。这种设计的主旨是弱化锦标和强调以体育人，值得我国学习和借鉴。

李晓鹏（2022）对中、德两国体育体制、体育教育学概念等进行了比较研究，指出德国学校体育与体育俱乐部联系紧密、彼此融合程度高的现实特点，在借鉴德国高校体育运动协会体育与教育的双重指导性和高校与协会的彼此互构性的前提下，同时以强化青少年健康发展为目标导向，融合多元化高校体育

---

① 唐丽：《英国竞技体育人才培养及启示》，《体育与科学》2014年第5期。

② 周冬：《近30年来英国学校体育政策研究》，《河北师范大学学报（教育科学版）》2015年第4期。

③ 徐瑶：《英国学校体育教育中青少年体育竞赛方法的设计》，《体育世界（学术版）》2020年第1期。

治理为主体策略，致力多层次体育赛事为主要抓手。①

姜恺健等（2022）研究指出，德国形成了从中小学到各级俱乐部、精英体育学校再到顶级俱乐部或奥林匹克训练基地的三级体育后备人才培养模式，高度的体教融合和多元化培养机制保障了德国竞技体育可持续发展。结合我国竞技体育发展面临体育后备人才不足的现实问题，他提出深化体教融合，提高运动员的综合素质；重视青少年运动员早期的培养和后备保障工作，坚持"以人为本"的培养观念；加大社会组织对竞技体育后备人才培养的参与度，带动社会力量加入；打破竞技体育与群众体育之间的资源壁垒，加速竞技体育与群众体育相互促进；优化竞技体育项目结构，促进竞技体育协调发展；加大科技在后备人才培养中的比重，促进体育后备人才培养的科学化等策略。②

王家宏（2014）的美国中学竞赛体系构成了"小学—中学—大学—职业赛事"这一金字塔式的竞技体育人才链中的一个关键环节。这一体系不仅推动了小学体育竞赛的全面发展，还为大学和职业联赛、奥运会等各类赛事输送了大量的优秀人才。我国中小学体育竞赛发展不均衡且存在一定程度的问题。基于对美国中学体育竞赛体系的学习和对我国学校体育竞赛现状的深入分析，我们建议我国的中学应当更加重视体育竞赛的重要性，确立以学生为中心的体育竞赛组织哲学，并构建面向大众、日常化的竞赛方式。③

赫立夫（2016）对美国的终身体育观念给予了高度的认可，并强调美国学校把举办体育比赛视为培育学生个性和价值观的关键方式。美国高校重视对终身体育的宣传与推广，注重培养学生在运动中表现出团队精神和集体荣誉感。

① 李晓鹏：《德国体育俱乐部体制与高校体育运动协会对"体教融合"背景下我国高校体育发展的当代启示》，《山东体育科技》2022年第1期。

② 姜恺健：《德国竞技体育后备人才培养的特征及其启示》，《吉林体育学院学报》2022年第5期。

③ 王家宏：《美国中学体育竞赛的特征及启示》，《体育学刊》2014年第6期。

同时，美国已经建立了一个从联盟到学校的完善组织结构，其分工明确且细致，由专业团队进行管理，确保比赛的高质量和高水平进行。此外，美国学校还建立了完善的监督机制，保障竞赛过程中各方利益主体的权益。在竞赛制度方面，美国的学校体育比赛呈现出多种多样的形式。从联盟赛到州锦标赛，通过赛事分级为学生提供了更为合理的比赛选择，这在一定程度上激发了学生参与比赛的热情，这一点对我国来说是非常值得借鉴和学习的。[①]

范非非（2017）对美国青少年体育赛事的管理体制进行了深入探讨，强调以社会为核心的营利和非营利组织在政府参与上的主导地位。此外，体育比赛的核心理念是以人为中心，确保公平的竞赛环境、细致的等级划分，并始终以学生的身体和心理健康为核心，同时重视合理规划学习和训练的时间。[②]

李欣玥（2019）对澳大利亚的中小学体育竞赛体系进行了深入的系统性分析，指出澳大利亚的中小学生在体育竞赛中的参与度相当高。她进一步指出，澳大利亚的学校体育竞赛体系是国家竞技体育人才培养网络中的关键部分。结合我国青少年的竞技体育竞赛体系，她建议我们应该更好地发掘社会的潜能，并引导社会各方共同推动学校体育的进步；我们需要深入研究公开选拔国家队成员的实际操作方式；完善运动员退役安置制度等建议。加强学校体育比赛在教育方面的价值，完善学生参加课外体育锻炼的制度与机制等建议。致力于培养我国志愿者的文化氛围。[③]

成亮（2018）持有的观点是，日本的体育教育将"体育"视为一种重要的教育工具。大家普遍认为，通过运动和比赛，可以最有效、最经济、最有趣

---

① 赫立夫：《美国中学体育竞赛体系及其启示》，《中国体育科技》2016 年第 3 期。

② 范非非：《美国青少年体育赛事利益相关者协同治理研究》，硕士学位论文，华中师范大学，2017。

③ 李欣玥：《澳大利亚中小学体育竞赛体系研究及启示》，《体育成人教育学刊》2019 年第 2 期。

地培养出合格的公民。[①] 李波（2020）对日本学校体育中的关键环节进行了深入探讨，他详细分析了日本体育"部活"的演变和独特性。他强调，体育"部活"不仅能够激发学生对运动的兴趣，还能鼓励有特长的学生参与他们热爱的运动，发掘他们的内在潜能，为日本的高水平体育进步打下坚实的人才基石。[②]

综上所述，国内外关于青少年体育竞赛体系的研究成果颇丰，相关研究议题已然是学者和社会关注的热点，学者们研究的视角、立场、思维方式和范式等为本课题的研究提供了重要理论指导。

---

① 成亮：《日本学校体育课程的设置及其启示》，《教学与管理》2018 年第 3 期。

② 李波：《从日本体育"部活"的发展与实施反观我国学校体育教育》，《体育科学》2020 年第 7 期。

第三章　我国青少年体育竞赛体系现状

第一节　我国青少年体育赛事概况

我国的青少年体育比赛主要有两个体系：一个是由教育部门主办的全国学生体育比赛，另一个是由体育部门主办的全国青少年体育比赛。教育系统主办的全国学生体育赛事主要包括教育部、国家体育总局、共青团中央主办的全国学生运动会，中国大学生体协、中学生体协及其下属项目分会主办的全国学生单项联赛制体育赛事、单项赛会制体育赛事等。在所有的比赛活动中，全国学生运动会每隔三年举行一次最高级别的赛事。

2014 年，全国大学生运动会和全国中学生运动会合并成全国学生运动会，它以国家意志为主导，在党中央、国务院领导下，动员全社会力量参与，体现了"团结、文明、进步"的时代精神。

由体育系统主办的全国青少年体育赛事主要涵盖由国家体育总局主导的全国青运会、全国青少年单项联赛、单项赛会制赛事、U 系列赛事、体育传统项目学校体育联赛、体育学校 U 系列锦标赛以及全国青少年体育俱乐部联赛等重大赛事（见表1）。

表1 中国青少年体育赛事基本情况统计表

主办系统	运动会名称	主办单位	基本情况	第一届时间	已办届数
教育系统	全国大学生运动会（简称大运会）	教育部、国家体育总局和共青团中央联合主办	全国高校体育竞赛中级别最高、规模最大、项目最多、水平最高的大学生综合运动会，每4年一届	1982年8月	十届
	全国中学生运动会（简称中运会）	教育部、国家体育总局和共青团中央共同主办	全国中学生最高级别综合性运动会，每3年举办一届	1973年7月	十一届
	全国学生运动会	教育部、国家体育总局和共青团中央共同主办	由全国大学生运动会和全国中学生运动会合并，每3年举办一届	2014年7月	三届
	全国学生单项联赛制体育赛事、单项赛会制体育赛事	中国大学生体育协会、中国中学生体育协会及其协会下属项目分会	一系列比赛（具体项目可参考中国大学生体育协会竞赛计划）	各单项运动会起始时间各不相同	各单项举办届数不同
体育系统	全国青年运动会	国家体育总局主办	前身是1988年创办的全国城市运动会，面向包括青少年学生在内的全体青少年（19岁及以下），属于奥运争光计划，每四年一届	2015年	两届

续表

主办系统	运动会名称	主办单位	基本情况	第一届时间	已办届数
体育系统	全国少年锦标赛；全国青少年锦标赛；全国青年锦标赛；全国U系列青少年、青年锦标赛、联赛等；全国体校U系列锦标赛	国家体育总局及其职能部门和各单项运动协会主办	面向包括学生在内的全体儿童青少年，培养竞技体育后备人才，落实奥运争光计划	各单项陆续启动	各单项举办届数不同
	全国青少年体育传统项目学校联赛	国家体育总局青少年体育司、教育部体卫艺司联合主办		2012年	十届
	全国青少年体育俱乐部联赛	国家体育总局青少年体育司主办		各单项陆续启动	各单项举办届数不同

数据来源：国家体育总局 https://www.sport.gov.cn/

一、教育系统：全国学生体育赛事

教育系统主办的全国学生体育赛事的核心目标是：致力于提升青少年学生的身体健康状况，丰富他们的校园文化体验，培育他们的体育道德观念，深挖并培育未来的竞技体育人才，以促进青少年学生全方位健康成长，进一步推进学校体育教育的改革进程。组织和开展一系列学生体育竞赛活动，主要包括教育部、国家体育总局、共青团中央主办的全国学生运动会，中国大学生体育协会、中国中学生体育协会及其协会下属项目分会主办的全国学生单项联赛制体育赛事、单项赛会制体育赛事等（图1）。

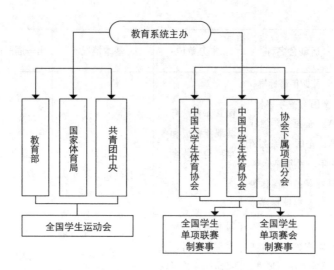

图 1　教育系统主办的全国青少年体育比赛

（一）全国学生运动会

为全面贯彻党的教育方针，促进学校体育事业发展，2013 年 7 月，教育部、国家体育总局、共青团中央决定将全国大学生运动会与全国中学生运动会合并为三年一届的全国学生运动会，比赛按大学生组和中学生组分类，同一时间、同一地点举行。[①]

原全国大学生运动会是教育部举办的级别最高、规模最大、最受期待、水平最高的综合性大学生体育赛事，每四年一届，由教育部、国家体育总局、共青团中央共同主办，各省市人民政府承办。第一届大学生运动会于 1982 年 8 月在北京举行。[②] 原全国中学生运动会（简称中运会）由教育部、国家体育总

[①]　教育部官网：《教育部 国家体育总局 共青团中央关于举办中华人民共和国第十二届学生运动会的通知》，教体艺函〔2013〕4 号，（2013-09），http://old.moe.gov.cn//publicfiles/business/htmlfiles/moe/s5972/201309/157500.html。

[②]　钟秉枢：《体教融合背景下青少年体育赛事体系完善的路径研究》，《体育学研究》2020 年第 5 期。

局、共青团中央主办，每三年举办一次，第一届中运会于 1973 年 7 月在山东省烟台和吉林省长春市举行。

在更名之后，第一届全国学生运动会（正式名称为"中华人民共和国第十二届全国学生运动会"）于 2014 年 7 月在上海成功举办。此届学生运动会由国家体育总局主办，上海市体育总会和上海市教委承办。比赛项目涵盖了田径、篮球、排球、足球、健美操、游泳、乒乓球和武术等八个竞技项目。此届运动会由国家体育总局主办、教育部承办，是新中国成立以来首次举办的全国性综合性体育赛事，也是建国以来我国高校规模最大的一次群众性体育运动盛会。经过重新命名的第二届全国学生运动会，称为"中华人民共和国第十三届学生运动会"，于 2017 年 9 月在浙江省杭州市成功举办。这次全国学生运动会分为 10 个主要项目和 326 个次要项目。

新中国成立以来我国第一次举办全国性的高校运动会，是我国教育发展史上具有里程碑意义的一件大事。将大学生运动会与中学生运动会结合起来，有助于构建四级体育竞赛的体系，并将中学生与大学生在竞技体育方面的表现整合为一个全面的展示平台。此届全国大学生运动会是首次将高校与中学合办的全国性大型综合性体育运动会，为进一步促进体育与教育的整合，提升学校体育竞技能力，以及为国家竞技体育选拔后备人才，提供了一个更为优质的平台。

（二）全国学生单项联赛制体育赛事、单项赛会制体育赛事

为了持续提升青少年学生在课余时间的运动训练质量，构建一个以"立德树人、面向人人"为核心理念的青少年体育竞赛体系，以强化学校体育在教育人才方面的作用，进一步促进青少年的身心健康、身体健康和全面成长，教育部通过与中国大学生体育协会、中国中学生体育协会及其附属项目分会的合作，成功举办了一系列全国学生单项联赛和单项赛会制的体育赛事。这些赛事在培养学生竞技能力与综合素质方面发挥着重要作用，也成为各级各类学校开

展课外体育锻炼的有效形式。

《中国大学生体育协会 2022 年竞赛计划》涵盖了多个竞赛项目，如田径、游泳、艺术体操、水球、跆拳道、拳击、柔道、射击、射箭、击剑、赛艇、皮划艇、帆船、桨板、排球、羽毛球、乒乓球、网球、棒垒球、手球、曲棍球、冰球、冰壶、高山滑雪、单板滑雪、越野滑雪、越野滑轮、健美操、武术、篮球、棋类、桥牌、攀岩、高尔夫球、台球、橄榄球、航模、定向轮滑、毽球、舞龙舞狮、龙舟、体育舞蹈、健身健美、啦啦操、瑜伽、中国风排舞、街舞、飞镖、电子竞技、跳绳、飞盘、国防体育、和球、荷球、空手道、健康校园、足球等。除上述运动外，还将新增一些与全民健身活动相结合的新体育运动项目，如健走、跑步、拔河、爬山、登山、蹦床等项目。

《2022 年中国中学生体育竞赛计划》涵盖了篮球、蹼泳、乒乓球、排球、足球、田径、游泳、羽毛球、网球、武术、跆拳摔跤、街舞、操舞、越野滑轮、轮滑、雪上、冰上、跳绳、棋类、击剑、飞镖、空手道、柔道、桥牌、数独、手球、曲棍球、软式曲棍球、棒球、国防、帆船、赛艇、体能、高尔夫、舞龙舞狮、攀岩、保龄球、射箭等多个体育项目。

二、体育系统：全国青少年体育赛事

为了激励和加速青少年体育活动的繁荣发展，以及加强体育后备力量的培养，体育相关部门已经推出了一系列专门针对青少年的体育竞赛活动。为了进一步了解我国青少年体育赛事现状与发展趋势，笔者对部分省（市）进行了调查研究，并提出相应对策建议。这些活动主要涵盖由国家体育总局主办的全国青年运动会，以及由国家体育总局、相关职能部门和各个单项运动协会共同主办的全国青少年单项联赛、单项赛会制、U 系列赛事、体育学校 U 系列锦标赛、体育传统项目学校联赛、全国青少年体育俱乐部联赛等多个方面（图 2）。

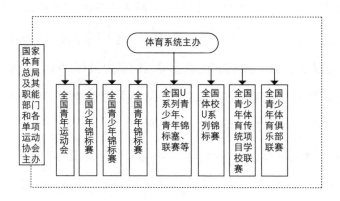

图 2　体育系统主办的全国青少年体育比赛

（一）全国学生（青年）运动会

为了达到竞技体育在奥运中赢得荣誉的战略愿景，国家体育委员会决定组织全国青运会，以增强竞技体育的后备实力。这是我国体育史上具有战略性意义和深远影响的一件大事。

1985 年，郑州成功举办了首届青少年运动会，其中包括 16 个重点发展项目和两个冬季项目，参赛的单位和代表来自各个省和直辖市。这场比赛每隔四年举行一次，所有参赛的运动员年龄均在 20 岁以下，而那些曾经参与过全国锦标赛的一线运动员是不允许参加的。经过两届运动会，国家体委决定将青奥会与城市运动会合并，保留"城市运动会"名称。城市运动会是由国家体育总局主办，以奥运会比赛项目为基本设项，以青少年为参赛主体的全国性综合运动会，每四年举办一次，至 2010 年共举办七次运动会。为适应国际体育形势发展需要，与青奥会相协调，2013 年经党中央、国务院批准，国家体育总局于 11 月 21 日将全国运动会更名为"全国青年运动会"。[①]

---

① 钟秉枢：《体教融合背景下青少年体育赛事体系完善的路径研究》，《体育学研究》2020 年第 5 期。

全国青少年运动会旨在进一步激发各相关单位的工作热情，为全体青少年，包括青少年学生，提供全面的体育训练。这不仅有助于发掘和培育更多的竞技体育备选人才，还能更有效地执行奥运的辉煌目标，推广体育精神，增强青少年的身体素质，锤炼他们的意志力，从而为构建健康中国和体育强国奠定更为稳固的基础。青运工作由国家体育总局主办。

2015年，首次举办了青年运动会，参与者的年龄限定在13～21岁之间，其中包括26个主要项目、29个子项目以及305个子项目。比赛地点北京，由国家体育总局主办，中国田径协会承办。2019年，第二届青运会共有49个主要项目，77个子项目，以及1868个子项目，规定年龄上限是19岁或更年轻。

为切实提高竞技体育后备人才培养质量，夯实竞技体育后备人才培养基础，加快建设体育强国，不断提高我国竞技体育综合实力。在国家体育总局、教育部印发《关于深化体教融合促进青少年健康发展的意见》中，第11条明确提出：合并全国青少年运动会和全国学生运动会，更名为全国学生（青年）运动会。首届全国学生（青年）运动会于2023年在广西举办，公开组设37个大项、48个分项、425个小项目，校园组设10项。学校和社会体育组织均可参加比赛活动。

在夏季，你可以参与的项目有：田径、足球、篮球、游泳、射击、射箭、自行车、击剑、现代五项、铁人三项、马术、帆船、赛艇、皮体操、蹦床、皮划艇静水、皮划艇激流回旋、举重、摔跤、柔道、拳击、跆拳道、跳水、花样游泳、橄榄球、手球、曲棍球水球、艺术体操、高尔夫球、三人篮球、排球、沙滩排球、冲浪、滑板、街舞、乒乓球、羽毛球、攀岩、网球、棒球、垒球、技巧、武术套路、武术散打、蹼泳以及泰拳（这是一个表演项目）。

在世界范围内，不同的地区和国家都有各具特色的夏季体育活动。在冬季，我们提供的项目有：速度滑冰、短道速滑、花样滑冰、越野滑雪、高山滑雪、跳台滑雪、滑雪登山、自由式滑雪、北欧两项、冬季两项、单板滑雪、冰壶、冰球、雪车、钢架雪车、雪橇、跳台滑草和轮滑。[①]

（二）其他青少年体育赛事

1. 国家级的青少年赛事

2015年的体育比赛项目包括多个项目，如田径、体操、垒球运动、跳水、速度滑冰、乒乓球、羽毛球场、冰球、自行车、柔道、拳击、跆拳道、岩石攀登、速度轮滑、击剑、现代五项、五子棋、中国象棋、围棋、国际象棋以及毽球等。

2. 全国青少年竞赛赛事组织

在2015年的竞赛项目中，涵盖了多项比赛活动，如足球、短道速滑、花样滑冰、高山滑雪、越野滑雪、射击、射箭和铁人三项、马术、蹼泳、划水和水球、技巧、举重和蹦床、曲棍球、摔跤、花样游泳、艺术体操、羽毛球、网球、武术套路、卡丁车、壁球、保龄球、美式台球、板球和软式网球、高尔夫球、电子制作、车辆模型、航空航天模型、国际跳棋、武术散打、建筑模型、国际象棋、龙舟、体育舞蹈以及门球、荷球和毽球等。其中还包括一系列的运动项目。

3. 国家级年轻人的锦标赛。

2018年的比赛项目包括跆拳道、田径、游泳、山地骑行、公路自行车、射箭术、击剑、现代五级、帆船比赛、摔跤比赛、重量训练、赛艇赛事、柔道比赛、拳击、皮划艇竞技、跳水活动和体操训练，还包括全国U系列的青少年锦标赛、青年锦标赛以及联赛在内的赛事。这项比赛是针对U13-U23两个不同年龄段进行，2022年的竞赛项目计划包括体操、举重、羽毛球、篮球、

[①]　教育部官网：《教育部 国家体育总局 共青团中央关于举办中华人民共和国第十二届学生运动会的通知》，教体艺函〔2013〕4号，（2013-09），http://old.moe.gov.cn//publicfiles/business/htmlfiles/moe/s5972/201309/157500.html。

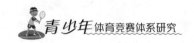

皮划艇、曲棍球、足球、网球、田径、沙滩排球、排球、乒乓球以及赛艇等。

4. 全国体育学院 U 型系列竞赛

在 2018 年的比赛中，各年龄段将分别进行 U12-U17 的比赛。竞赛安排涵盖了游泳、羽毛球、排球、乒乓球、跆拳道、篮球、田径和冬季综合（包括冰球、高山滑雪、单板滑雪和短道速滑）等 8 个主要项目，还包括全国青少年体育传统运动学校竞赛、全国青少年体育俱乐部的联合比赛。在 2019 年的竞赛安排里，包括田径、排球、乒乓球、游泳、跆拳道、垒球、篮球、武术、轮滑、摔跤、羽毛球和登山在内，共涵盖 12 个主要项目，总共有 15 个比赛项目。①

三、其他区域性青少年体育赛事

青少年体育赛事主要包括由体育部门、教育部门和俱乐部组织的各种竞技性和社会性赛事。这些赛事具有明显的地域特色，涵盖省级、县（市）和全国性的比赛模式，同时出现了一些新的比赛形式。青少年体育赛事在一定程度上满足了人们对体育竞技水平提升和精神文化需求方面的需要。随着我国在"粤港澳""京津冀""长三角""成渝城市群""中部城市群"和"北部湾地区"等多个区域城市群的发展机制逐渐确立，这一变化对青少年体育赛事的组织方式产生了深远的影响，并催生了大量的区域性青少年体育赛事（见表 2）。这些区域性的青少年体育赛事对中国竞技体育事业起到积极作用。通过组织竞赛活动，我们为青少年提供了一个区域性的体育交流场所，从而增强了青少年对地域的归属感，进一步推动了青少年体育的繁荣与进步。

表 2　我国举办的部分区域性青少年体育赛事

① 钟秉枢：《体教融合背景下青少年体育赛事体系完善的路径研究》，《体育学研究》2020 年第 5 期。

序号	赛事名称	举办地点	举办时间
1	长江中游省会城市击剑赛暨武汉市青少年击剑	湖北武汉	2016 年 7 月
2	首届辉翔杯"长三角"少儿足球交流赛	江苏南京	2016 年 7 月
3	上海青少年马术公开赛暨长三角地区马术邀请赛	上海崇明区	2016 年 10 月
4	粤港澳青少年乒乓球公开赛	广东深圳	2016 年 8 月
5	首届"武术王者杯暨粤港澳大湾区少年武状元大赛"	香港铜锣湾	2018 年 3 月
6	首届"粤港澳大湾区国际青少年冰球邀请赛"	广东深圳	2018 年 4 月
7	粤港澳台青少年足球赛开赛	广东深圳	2018 年 7 月
8	粤港澳大湾区"国体杯"青少年足球锦标赛	广东广州	2018 年 10 月
9	粤港澳大湾区青少年射箭交流赛	广东深圳	2018 年 10 月
10	"邹振先杯"粤港澳大湾区青少年田径赛	广东东莞	2018 年 10 月
11	"威克多杯粤港澳青少年羽毛球联赛	广东惠州	2018 年 11 月
12	首届粤港澳大湾区学生体育节	广州体育学院	2018 年 11 月
13	第二届全国青年运动会	山西太原	2019 年 8 月
14	全国"体校杯"足球比赛	陕西渭南	2019 年 9 月
15	上海市篮球二线测试赛	上海黄浦区	2021 年 4 月
16	"申体杯"第二届上海市青少年足球俱乐部联赛	上海静安区	2021 年 4 月
17	举办中国体育彩票杯北京市体育传统项目学校系列比赛	北京	2021 年 3 月
18	2022 年河南省青少年校园足球"省长杯"暨校园足球夏令营	河南洛阳	2022 年 7 月

数据来源：国家体育总局 https://www.sport.gov.cn。

第二节 青少年体育竞赛管理体系

一、体育竞赛体系管理的指导思想

体育，作为"五育"计划的核心部分，是学校教育不可缺少的一部分。体育比赛是实现学校体育"立德树人"目标的关键途径之一，因为比赛本身就是一种道德教育的场景。只有通过比赛，青少年学生才能在训练过程中掌握体育技能，从而享受到更多的体育乐趣和成功体验。同时，比赛也能提升他们的身体素质，实现锻炼意志和提高人格的目的。因此，体育竞赛不仅能够激发运动员的竞技热情，而且对增强青少年学生的意志品质具有积极作用。在比赛进行中，青少年学生有机会培育出团队协作、集体精神、集体荣誉感、正确的胜负观以及规则意识等多方面的素质。因此，体育运动不仅能够强身健体，而且对青少年学生来说也具有很好的教育引导作用。在目前的教育和体育体系中，仍存在"双轨制"青少年竞赛管理模式下，德育为先的教育目标很难真正实现。因此，如何让青少年参加体育运动成为一个亟待解决的问题。

在当前的教育体制下，众多的校园体育活动和比赛因多种因素在活动的标准化、学生的舒适度、过度的安全措施以及应试教育的普及性等方面做出了让步和妥协，导致青少年的近视率持续居高，学生的肥胖率上升，以及体质的严重衰退等健康问题。因此，学校应建立科学有效的竞赛体制，引导青少年参与到体育锻炼中来，让他们养成良好的锻炼习惯。

在体育领域，"金牌为唯一"的竞赛理念仍然盛行，把培养未来竞技体育人才作为首要任务，导致青少年运动员在文化学习上不足，学习与训练之间的矛盾日益凸显，以及人才储备的短缺。同时，由于学校对运动项目重视程度不够，造成大量优秀运动队退役后难以再就业，竞技体育的后备人才培训将会逐步减少。为了解决这些问题，国家提出新时期下的"体教结合"改革措施。体育与教育的融合政策明确指出，必须确立"健康至上"的观念。高校作为社会体育组织机构的重要组成部分，应积极承担起国家和地方所赋予的职责，努力探索适合我国国情的体教结合模式。体育和教育部门需要遵循一体化设计和一体化推广的原则，将学校比赛、U系列比赛等各级青少年比赛整合在一起，逐步完善。

在立德树人的目标引领下，青少年体育体系要想实现青少年体育赛事的一体化，必须从两个关键方面着手：一是要以"体教结合"理念为导向，建立新时代青少年体育人才培养模式，二是要构建新型高校体育场馆管理体制机制，形成校内外联动协同育人格局。学校体育不仅能充分利用体育竞技的特色，还能推广一种拼搏和进取的校园文化氛围，有助于推动学校体育事业朝着更高质量的方向发展。一方面，可以通过举办大型赛事促进学校体育事业全面协调可持续发展。另一方面，教育和体育两个系统可以实现更好的整合，为杰出的运动员提供进入大学的途径，这两个部门将共同承担高水平运动员的培训和比赛任务。

要坚持"健康第一"思想，树立终身体育锻炼观念，把促进青少年体质增强作为学校体育的重要任务。目标是逐渐使学校体育成为竞技体育人才培养的主要途径，通过构建一个健全的校园体育竞赛体系来缓解青少年学生在学习和训练过程中的矛盾，从而促使所培养的青少年能够得到更为优质的成长和发展。同时，通过赛事活动带动社会资源向高校转移，形成一个良性循环，从而有效提高我国竞技体育事业水平。这两个系统有能力共同使用国家的体育与教育资源，通过赛事活动的开展，提升我国高校体育文化建设水平和国际影响力，对提高国民身体素质具有重要意义。因此，在国家高度重视立德树人的大背景下，将青少年体育赛事整合到教育体系中，不仅是符合国家"立德树人"

根本任务，也是促进青少年全面健康成长和深化体育与教育的融合。

二、体育竞赛管理体制与特征

现阶段，我国的青少年竞技体育管理采用"双轨制"模式，由政府主导的体育管理部门和教育管理部门这两个独立的管理实体共同负责。这两种不同层次、不同性质、不同规模的组织形式在全国各地形成了两条竞技体育管理体系。由国家体育总局竞技体育司领头的 20 个体育管理中心，以及省市体育局、单项体育协会和体育总会作为核心力量，共同构成了竞技体育竞赛的完整链条；还有一条是由学生体协联合秘书处主导，并由大学生体协以及省、市教育部门体卫处主导的学校体育竞技竞赛网络。这两种形式构成了当前中国青少年竞技体育竞赛管理体系。

两个部门分别实施了"分级竞赛、分级管理"的垂直管理体制，其特点是体育部门围绕锦标工作目标，鼓励各级运动员迅速取得成绩，竞赛组织具有显著的"国家体制"优势，形成了结构稳定、层次清晰、运行高效的竞赛管理体系；学校则通过开展高水平运动队建设活动，在促进高校体育事业发展方面发挥着重要作用。

与此相对照，教育领域的竞赛管理组织结构呈现出不平衡的发展，尽管协会化水平相对较高，但基层的协会组织仍然不足。教育部下属的学生体育协会联合秘书处是中国大学生体育协会和中学生体育协会的固定办公机构，负责组织、策划、培训、比赛、研究和市场拓展等任务，但省、市教育部门的体卫处和单项体育协会的职责很难完全体现出来。学校层面上，由于各高校领导对校园体育赛事重视程度不同，造成赛事开展情况参差不齐。其中，大学生单项体育协会在体育竞赛方面表现得相当活跃。然而，中小学校在组织比赛方面缺乏足够的人力、财力和物力资源，也没有建立起有效的基层竞赛组织网络，导致管理和管理工作不完善。

三、体育竞赛运行机制与效益

提升体育竞赛的效果是竞赛管理的主要目的。在市场经济条件下，竞技体育与群众体育并重的原则对促进我国体育事业发展具有重要意义。体育竞赛的效益指的是通过组织体育比赛和相关活动所获得的实际成果和益处。竞技体育发展到今天，已由原来的以军为家转变为全民健身为主的时代。青少年学生竞赛的核心目标是识别、筛选并培育未来的优秀人才。各级各类学校主要围绕体育课程设置组织各项竞赛活动，其目的是为国家输送更多优秀的运动人才。各个省和市的体育局会根据项目的布局来规划赛事，并为赛事提供经费支持，这些赛事并不是为了盈利，通常每年举办 1～2 次；另外，还可以设立一些全国性或地方性的大赛，比如全国青年歌手电视大奖赛和全国青少年乒乓球邀请赛等。

在精英青少年和成年运动员的常规比赛中，重点对运动员队伍进行训练。经过多年的赛制建设，各级部门已经建立了许多常规赛事，如年度锦标赛、冠军赛、巡回赛等，这些都是通过竞赛招标的方式进行的，并且得到了主办赛区和公司的大力支持和协助。由于这些全国性大型体育赛事具有较高的经济效益，因此得到广泛关注，也引起一些地方政府及教育行政部门的重视。教育部每隔四年组织一次的全国大学生和中学生运动会，以及某些年度单项锦标赛，已经逐步转变为常规的比赛活动。

北京每年也有几届全国性的青少年篮球联赛，以促进我国篮球事业的发展。以上海为例，它采纳了"体教结合"的创新策略，把学校的竞技体育赛事纳入体育局与教育部的共同管理议程，并与其他部门合作举办各种体育赛事，旨在提升体育技巧并培育新一代的竞技体育人才，同时也对我国体育事业产生

了深远的影响。这场竞赛不只是带来了经济上的益处，同时也为社会带来了积极的影响。

由于我国缺乏相应的法律保障，这些赛事无法获得政府的支持与赞助。现阶段，绝大多数的青少年比赛主要依赖于国家的资金支持，这些赛事都强调其对社会的贡献。因此，要想获得较高的竞技水平就需要通过举办比赛来获取巨大的经济收益，这样才能够促进体育事业的发展。具有经济价值的体育比赛大多源于大众所喜爱的高层次、高质量、广受欢迎的体育活动。体育经济活动与其他行业一样存在着投入产出问题，投入越多，产出越大。经济效益不仅是评估竞争是否成功的关键因素，体育比赛在追求社会总体利益的过程中，也应高度重视其经济效益。只有高度重视社会效益与经济效益之间的相互推动作用，才能确保竞争机制的有效性。

四、学校体育竞赛体系管理

中共中央、国务院印发的《关于全面加强和改进新时代学校体育工作的意见》明确提出，学校体育要贯彻落实"教会、勤练、常赛"的新时代学校体育工作基本要求。参与体育竞赛有助于最大限度地激发学校在体育锻炼意志和人格完善方面的潜能。学校体育作为全民健身的主要阵地之一，其开展状况直接影响到国家体育事业发展水平的高低。但是，社会公众对体育及其比赛的理解存在误区，学校体育比赛的作用并未获得社会的广泛认同和深入了解。在这种背景下，如何开展好学校体育比赛成为一个亟待解决的重要问题。

多年来，社会公众普遍把学生体质下降的问题归咎于体育教学，认为体育教学是学校体育的一个整体。因此，各种体育教学改革实践都是围绕体育教学模式、理念和方法展开的。但是，各级教育部门对学校体育竞赛的重视不足，竞赛活动只限于比赛，对学校体育竞赛的深层含义和价值的认识严重不足，忽视了学校体育竞赛思想元素的培养和挖掘。

随着国家教育政策调整与改革步伐加快，特别是在新课程标准实施后，各级各类学校纷纷开展课外体育锻炼活动，尤其是一些有条件的中小学开始尝试以校内运动会为主的课余体育训练模式。因此，除了按照教育部的要求完成阳光体育比赛和校运会之外，大多数学校已经停止举办其他种类的校园体育赛事。在全国开展起来的"三夏"运动中，也很少有学校组织举行校内大型运动会。大部分的比赛都更偏向于传统的竞技体育项目，而那些富有趣味性的体育赛事则相对较少。

总的来说，这些比赛项目数量有限，竞技水平不高，学生的参与度也相对较低，缺乏足够的趣味性和观赏性。同时，学校缺乏组织大型运动会的经验，也缺少组织各类赛事的能力，更谈不上有计划地开展群众性体育运动会或课外体育俱乐部的工作。如今，体育比赛已逐渐成为少数学生的首选活动，参与者主要是具有体育特长和较高体育技能的学生，而大部分学生只是作为旁观者，并没有真正地参与其中，学生参与率非常低。同时，学校还未建立完善的课外体育俱乐部，对学生体育锻炼的指导也较为薄弱。目前学校的运动队在训练和比赛的次数上相对较少，教育和体育两大系统共同努力培养竞技体育的后备力量的整合机制还未完全建立。

另外，我国学校体育器材配备严重不足。受限于学校教练员的数量和素质，以及不完善的校园竞赛制度，学校培训出的杰出运动员所占比例相对较低，使得学校体育在我国竞技体育中的基础地位难以得到充分体现。同时，在社会上对竞技运动的误解以及学校领导对体育教学重视不够也影响了高校体育教学质量。因此，学校体育竞赛的体制还不够完善。体育竞赛依然是少数具有体育特长的学生的展示平台，而青少年学生很难广泛地参与其中。学校体育竞赛在培养人才和赢得比赛方面的真正价值和内涵尚未得到充分体现。

第三节　青少年体育竞赛体系案例分析

一、项目案例一：青少年校园足球

党的十八大以来，以习近平同志为总书记的党中央把振兴足球运动作为发展体育运动、建设体育强国的重要任务，把校园足球作为任务是扩大足球人口规模、夯实足球人才基础、提高学生综合素质、促进青少年健康成长的一项基础工程。① 此外，《关于加快体育产业发展促进体育消费的若干意见》《中国足球改革发展总体方案》《关于深化体教融合促进全民健康的意见》等政策文件陆续发布，标志着我国将足球视为青少年体育事业发展的核心内容。在此背景下，学校足球运动也得到了国家及地方政府的大力支持，各地纷纷开始探索适合自身特色的办学模式和培养方案，校园足球成为未来发展方向之一。

2015 年 7 月，教育部联同其他六个部门共同发布了《关于加快发展青少年校园足球的实施意见》明确指出，教育是基石、比赛是核心、制度是支撑、培养人才是校园足球成长的基本准则。

2020 年 10 月，教育部联同其他七个部门共同发布了《关于全国青少年校园足球八大体系建设行动计划》。该《计划》强调加强足球竞赛体系的重要性，建议教育部与国家体育总局和中国足协合作，构建一个整合的足球体系，形成一个开放的竞赛环境，并建立一个涵盖教育、体育、足协和社会足球的"体教融合"赛事体系。

---

① 国务院办公厅：《中国足球改革发展总体方案》，中华人民共和国中央人民政府，（2015-03-08）[2015-03-16]，https://www.gov.cn/zhengce/content/2015-03/16/content_9537.htm。

2021 年 12 月，我国青少年足球竞赛体系已经被纳入教育和体育的"十四五"发展计划中。党的十九大报告指出，"加快推进以学校为基础、政府支持、民间参与、科学指导的现代国民教育体系构建"。"十四五"规划期间，这将成为我国教育和体育发展的核心任务。通过开展高水平的国际竞赛活动，为广大青少年提供一个良好的竞技平台，可以促进青少年身心健康全面发展。努力完善我国青少年足球比赛体制，以促进教育大国、体育大国和健康中国等国家战略的全面实施。

2022 年 6 月，由教育部、国家体育总局和中国足协联合发布的《联赛方案》，我国迎来了首次体教结合的全国青少年足球赛事。[①] 在过去的八年中，校园足球始终遵循其核心理念，并坚持"教会、刻苦训练、定期比赛"的"三位一体"策略，以促进全民和精英的"一体两侧"晋级模式。为了促进全国校园足球的繁荣，我们致力于培训专业的人才。[②]

（一）我国青少年校园足球的竞赛体系

1. 组织结构

我国青少年足球赛事已经经历了从体育领域到教育领域的两个主要发展阶段。目前，我国中小学普遍实行学校教育与体育运动相结合的体制，校园足球成为推动我国足球事业发展的重要力量之一。在体育部门的主导下，学校足球比赛的组织结构遵循"全国校园足球领导小组→地方校园足球领导小组→校园足球联赛组委会"的三级组织模式。在教育主管部门主导时期，校园足球运动以学校为主要形式进行发展，各地教育局成立相应机构指导并推动各中小学的

---

① 赵亮、韩炜、刘志云等：《我国青少年足球竞赛体教融合发展的时代诉求与推进路径》，《山东体育学院学报》2022 年第 4 期。

② 王登峰：《改革与融合：青少年校园足球发展成效与未来策略》，《上海体育学院学报》2022 年第 7 期。

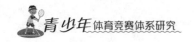

校园足球运动的开展。

全国校园足球领导小组和地方校园足球领导小组是由体育总局和教育部的相关领导共同组成的。他们下属有校园足球办公室和联赛组委会，主要负责组织和执行各种校园足球活动。然而，赛事的相关经费是直接拨付给当地体育局的，而大部分地区实际上是由体育总局来组织和管理的，这导致体育和教育部门的参与相对不足。随着我国高校扩招政策的实施，学校对足球教育越来越重视，各大学都成立了自己的运动队。因此，当前阶段，校园足球比赛的组织结构呈现出由体育部门主导和教育部门协同合作的明显特征。在这种背景下，各地都积极进行改革探索，尝试成立独立于行政部门之外的全国性或地区性校园足球赛事举办机构，并取得了一定成效。

在教育部正式主导校园足球活动之后，学校足球比赛的组织结构已经演变为"全国学生体协→地方学生体协→校园足球竞赛委员会"的模式。各省、市教育局分别建立相应机构进行日常管理工作，并将部分内容委托至各级校园足球协会或专业运动队完成。教育部的全国学生体育协会主管全国的校园足球决赛，而地方学生体育协会负责组织省级的预赛和其他大众赛事，各省级赛事则由各高校自主举办。选拔比赛（例如夏令营、冬令营）是由两方共同承担的，而学校层面的比赛则是由学校来组织的。各级别赛事均在各地开展，并通过电视转播等媒体传播到社会上。

除此之外，由中国足协主导的全国青少年足球超级联赛（青超联赛）也构成了青少年足球比赛体系的一个关键环节。然而，参与该联赛的选手主要来自职业足球俱乐部的 U 系列队伍、业余足球俱乐部队伍以及省级青年队。在各级各类赛事中，除了官方举办的全国性或地区性大型体育赛事外，还存在大量非正规的校园足球活动。因此，从更广泛的角度看青少年校园足球比赛，目前的体育和教育两个部门都建立了自己的比赛体系，这使得校园足球比赛呈现出一个双向发展的组织方式。

2.竞赛目标

在体育部门的主导下，有提议建立一个从小学至大学的四级足球联赛，强调足球技能对青少年学生的重要性。然而，校园足球竞赛体系的发展目标相对模糊，更像是青少年足球的锦标赛式培训，这种目标的偏离限制了校园足球赛事的功能。新时代我国体育事业的发展需要构建以学校为主体、社会力量参与和政府监管相结合的多层次的校园足球竞赛体系。学校足球比赛体系在其目标设定上深刻体现了"人为核心、健康至上"和"立德树人"的理念，强调校园足球比赛的普及性，并构建了一个多样化的校园足球教育、培训和比赛体系。它已经从"为足球培养后备人才"转变为"为中国足球的持续和健康发展打下坚实的人才基石"。同时，将竞技足球与大众健身相结合，促进全民健身运动向社会层面延伸，推动校园足球全面协调可持续发展。观察观众的参与程度，我们可以看到，在赛场内外都有一个稳固的球迷基础，这是推动校园足球文化向前发展的关键因素。

在宣传推广方面，该比赛运用了视频直播、社交媒体、自媒体、线上活动、图片传播和校媒等多样化的宣传手段，以塑造校园足球的品牌影响力，进一步提升校园足球比赛的社会影响。通过开展丰富多彩的校园文化活动，提升学生对足球的兴趣，增强他们对足球文化的内涵和精神追求。显然，学校足球比赛的目标已经转向了多样化，从培育未来的足球人才到加强足球的基础参与，其在"教育"方面的作用将逐渐得到加强。

3.赛事系统

为了落实《关于深化体教融合 促进青少年健康发展的意见》中"选拔培养优秀竞技体育人才"的指导原则，并实现学校体育教育的"四位一体"育儿目标，我们鼓励学生在比赛中体验乐趣、强化体质、提升人格品质和锤炼意志。同时，根据"比赛是关键"的教育理念，我们构建了一个由"校内联赛→校际四级联赛→选拔性精英联赛"组成的校园足球竞赛体系。在人才培养方

面，以国家职业标准和地方政府政策导向为依据，构建由省级教育部门牵头、高校及中小学共同参与的"三级联动"的人才培养模式。

在足球比赛的组织结构中，初中和小学的联赛是由省、县、市三个层级来组织的，而高中和大学的联赛则涵盖了省预赛和全国总决赛，从而构建了一个包括"小学市内赛、初中省内赛、高中大学全国赛"在内的赛事体系。在校园足球人才的选拔过程中，有专门的选拔赛（如校园足球夏令营、冬令营等）。小学、初中和高中的13个省份的最优秀球队将进入全国夏令营的分区比赛，其中分区赛的优胜队将参与总营的各项活动，并组建U系列的全国校园足球国家队，同时会参与海外的交流比赛。

大众化的四级足球联赛是在全国校园足球特色的班级和年级联赛基础之上，进一步在县（区）、市、省、国家各个层级以及全国范围内举办的校园足球比赛。以县级为单位举办全国性或区域性中小学足球特色学校建设与发展研讨会。在全国各地，小学、初中、高中以及大学的校园足球比赛都得到了广泛的开展。通过"五校联动"，推动我国青少年校园足球事业蓬勃发展。全国各地的校园足球四级联赛在比赛次数和参赛人数上都呈现出逐年增长的态势，已经形成了一个由班级参与、学校组织、地方推广和逐级推进组成的全国性校园足球竞赛模式，目前已有超过1500万名学生参与这一联赛。

选拔性校园足球夏（冬）令营比赛，全国校足办已经建立了校园足球夏（冬）令营竞赛体系，并举办了集竞赛、选才、德育于一体的校园足球精英联赛，至今已经举办了六届比赛。通过对优秀青少年运动员的培养和选拔，提升了中国青少年足球整体发展层次和国际影响力。近4万名被评为省级最佳球员的选手参与了夏（冬）令营活动，并从中选拔出1828名全国夏令营的最佳球员，这为评估校园足球的教学、训练和比赛效果提供了一个关键的平台。为了拓宽球员的视野，吸收国外先进的训练观念和模式，积累实战经验，并评估训练质量，每年都会组织全国校园足球夏令营的最佳阵容球员前往英国、德国、法国、俄罗斯等国进行交流和比赛。

4. 教学体系

要想提升中国足球的整体水平，首先需要扩大足球的人口基数，而实现这一目标的关键步骤便是构建和加强校园足球的教学体系。我国政府高度重视校园足球发展工作，将其作为国家战略，并制定了一系列促进校园足球快速健康发展的政策措施。得益于各种相关政策的积极推动，全国范围内已经成功建立了 32780 所校园足球学校，并在全年内有近 5500 万名青少年学生参与了校园足球活动。同时，国家出台了一系列促进校园足球发展的政策文件。

在校园足球活动中，我们始终坚持"以教学为基石"的理念。我们汇集了全国各地的特色学校，确保每周都至少为学生开设一次足球课程。我们以分享学生的足球技巧为核心，组织了全国校园足球联赛，以促进校园足球的深入、持续和高效发展。同时通过举办各种形式的校园足球竞赛，促进广大青少年积极参与到校园足球中来，培养更多优秀的青少年运动员。在推进教育改革的过程中，全国校足办组织了一系列的工作，包括组织专家编写了《全国青少年校园足球教学指南（试行版）》和《学生足球技能等级评价标准（试行版）》，并制作了 365 个足球技能教学视频集，然后免费向全国推广；负责组织和编写 360 课程的校园足球示范课，并制作示范课的视频资料，以便为一线体育教师在校园足球教学方面提供指导；我们致力于开发、建设和设计具有教育意义的校园足球资源库，例如校园足球的教学视频和专题节目，这些都是对校园足球教学规范化的有效补充；建立"校园足球先锋队"网站，提供网络学习空间。将《校园足球先锋队》《天天足球》《校园足球战队》等教育视频上传至教育部的官方网站，供全国的校园足球教育者作为参考资料。

5. 训练体系

全国校园足球特色学校通过四级校际比赛，可以选拔出县（区）、市、省、全国最优秀的球队。这也是当前我国校园足球发展中最重要的举措之一。关于校园足球的培训，学生需要在空闲时间、周末和公众假期中进行更多的专业训练，这种训练方式称为校园足球"满天星"训练营的每周"两练一赛"模式。"满天星"夏令营是我国唯一一个以培养优秀足球运动人才为宗旨，由国家体委主办的国家级学生体育社团，旨在促进中小学生身体素质提升。

2018年3月，《全国青少年校园足球"满天星"训练营工作规范》正式发布。2019年2月，《全国青少年校园足球"满天星"训练营基本要求（试行）》进一步明确，为了确保校园足球"满天星"训练营每周的"两练一赛"质量并提升运动员的竞技表现，全国校足办决定投资并聘请超过500名具备相关教学资格的资深外籍足球教练，他们将在国内的138个"满天星"训练营中担任教职，进一步提升校园足球的训练质量。这说明我国已开始重视培养校园足球运动后备人才，预示着中国的足球事业将迎来一个新时代，那就是未来几年将会是中国足球发展最快最繁荣的时期之一。

此外，为了增进校园足球"满天星"训练营的精英队伍与国内外足球俱乐部之间的互动，我们计划选拔杰出的球员到国外的职业俱乐部青训学院进行培训和交流。通过校际间的四级比赛，全国各地的校园足球特色学校可以选拔出县（区）、市、省、全国最优秀的球队。

为了培养一批德智体美劳全面发展的足球运动后备人才，各地都开展了以学生为主体，教师为主导的校园足球特色学校建设活动，并取得一定成效。"双练制"是目前我国校园足球发展的一种主要形式。通过对部分高校校园足球教练员及学生调查发现，目前我国各高校都在积极开展校园足球特色学校建设活动，为了增进校园足球"满天星"训练营的精英团队与国内外足球俱乐部之间的互动，我们选择了杰出的球员前往国外的职业俱乐部青训学院进行培训和交流，以学习和掌握国外的先进培训思想、技巧和方法。

6.保障体系

校园足球的资源保障机制是决定比赛活动能否深入进行的关键要素。当前我国校园足球发展中仍存在诸多问题，其中最为突出的就是缺少有效的保障机制和资金支持。2020 年的 8 月，教育部联同其他七个部门发布了《全国青少年校园足球八大体系建设行动计划》，明确指出需要进一步完善的保障措施。

一是积极推动学校足球场地的设备和设施建设。在基础设施方面，对中小学校运动场地进行改造升级，增加足球运动场所数量，完善体育设施功能，提高服务保障能力。根据《中国足球中长期发展规划纲要（2016—2050 年）》和《全国足球场地及设施建设规划（2016—2020 年）》的规定，教育部与国家体育总局等相关部门联合发布了《关于进一步加快足球场地设施建设的实施意见》。该意见强调加强足球场及其设施的维护和管理，以及加强基础和公益性足球场的建设、改造和扩建的重要性。在此基础上，各地陆续出台了相应政策支持足球特色学校建设。

此外，教育部、国家体育总局共同发布了《关于推进学校体育场馆向社会开放的实施意见》，旨在鼓励当地为学生提供免费或打折的公共体育设施。截至 2020 年年底，全国的校园足球特色学校中，足球场的数量已经达到 33868 个，这意味着每所学校平均拥有 1.1 个足球场。这完全满足了《全国足球场及设施建设规划（2016—2020 年）》中的目标，即每所中小学都应拥有至少一个足球场地。

二是对校园足球教师的培训体系进行完善。通过建立省级以上层面校园足球师资队伍建设联席会议制度，组织开展全省性校园足球专项工作，有效提升中小学体育与健康教育教师队伍整体水平。截至目前，已经成功组织了 298 期 D 级教练员的培训课程，为校园足球教练提供了超过 9000 次的培训机会。同时，通过建立国家级足球后备人才培养基地以及省级校园足球特色化建设示范区等方式，推动我国青少年足球运动快速健康地向前迈进。根据《中国足球改革发展总体方案》的目标，国家和地方各级的校园足球教师以及学校校长已经累计培训了 35 万名学生，实现了到 2020 年，完成对 5 万名校园足球专职和兼职足球教师的一轮培训的目标。此外，全国校足办每年都会选派校园足球教师和教练员前往国外进行培训。截至目前，已经有1700多名教师和教练员前往法国、英国等国家接受培训，其中840名教练获得了英格兰足协颁发的足球教练证书。

三是为运动员提供的升学途径。回溯2018～2019年全国校园足球高中联赛总决赛的24支男子队伍，新校园足球在过去的5年中，其运动员主要分布在普通学院（973所）、重点学院（247所）、职业学院（247所）和俱乐部（58个）。在选择升学路径时，绝大多数校园足球选手倾向于从高中继续到大学深造，因此，完善从高中到大学的选拔程序对竞技体系的持续发展是至关重要的。①

（二）青少年校园足球的发展机制

1. 校园足球工作推进机制

一是成立全国校园足球工作领导小组。2015年1月8日，经国务院批准，教育部成立全国青少年校园足球工作领导小组，国家发展改革委员会、财政部、国家广播电视总局、国家体育总局和共青团中央等部门为领导小组成员。在推动校园足球相关工作的过程中，我们邀请指导小组成员来组织校园足球的年度会议。会议主要集中讨论了体育与教育的融合、教师培训、比赛场地的建设以及竞赛机制等核心议题。同时，我们研读了《全国青少年校园足球八大体系建设行动计划》等与校园足球相关的政策，并计划研究和实施校园足球的重要改革措施和发展任务，以协调各成员单位的工作。

二是致力于构建一个全国性的校园足球管理平台。为了更好地管理校园足

---

① 郝文鑫、方千华、蔡向阳、李守江：《我国新校园足球竞赛体系的运行现状考察与治理路径研究》，《武汉体育学院学报》2020年第7期。

球，全国校足办创建了一个五级纵向管理系统，包括"全国校足办—各省级校足办—地市级校足办—县区级校足办—校园足球特色学校、幼儿园"。这一系统旨在构建一个高效运行、信息流通、实时反馈和强有力监管的管理架构，以充分利用平台的信息传递能力，实现动态一体化管理。

2. 校园足球推广普及机制

为贯彻落实习近平总书记"足球从娃娃抓起"的精神，在全国范围内，我们选择了 32780 所校园足球学校，并确定了 8310 所具有足球特色的幼儿园。此外，我们还与中国足球发展基金会合作，资助了 1000 所足球特色幼儿园的示范园课程建设，并创建了幼儿足球活动的样板。我们还设立 54 个校园足球改革的试点区，选择 241 个试点县（区），规划 138 个名为"满天星"的训练营。通过试点示范引领、政策扶持激励和资金保障等方式，推动中小学体育教育与校园足球紧密结合。教育部致力于构建一个由"特色学校、高水平足球队、试点县（区）、改革试验区以及'满天星'训练营"组成的"五位一体"的校园足球推广和普及体系。在教育部领导下，各地政府高度重视，相关部门积极推进。学校的足球活动得到了有效的推进，同时足球的参与人数也有所增长。

3. 校园足球的融合机制

一是致力于研究"教会、勤练、常赛"综合运作机制。在推进"三基工程"中，学校是培养后备人才的主要阵地之一，也是国家竞技体育水平提升的基础保障。

多年以来，学校足球事业成功地融合了教育和体育两个部门的优质资源，并与新的体教融合政策紧密结合，促进了教会、勤练和常赛三者的有机结合。为了促进全民足球的普及和精英足球的专业成长，教育部致力于实现足球"一体双面"的完美结合。学校不仅要重视培养运动员的专项能力，更要注重提高他们的综合素质和全面技能。在教授学生足球技巧的同时，还需要组织学生进

行更多的足球技能练习。最为关键的是，要组织球员参与各种类型的校园足球比赛，通过高质量的足球比赛来评估他们的足球训练水平，并筛选出优秀的足球后备人才。

二是致力于研究体育与教育相结合的青少年足球训练策略。为实现我国中小学普及足球运动目标提供强有力的支持，也是促进我国青少年体质健康水平提高的重要途径之一。《中国足球改革发展总体方案》明确指出加速新建足球学校的建设进程。在全国范围内，教育部选择建立了138个名为"满天星"的校园足球训练营。这些训练营通过每周的专业"两练一赛"活动以及日常在各自学校进行的"分散"训练，旨在探索和建立一个区域性的新型足球学校。逐渐找到了一条将体育与教育相结合的青少年足球教育的新发展路径，以确保从小学到高中的青少年足球后备人才能够接受体教融合的精英教育，并在国家教育体系中开辟新的足球人才培养途径，从而构建具有新中国特色的足球青少年教育体系。

经过一年多时间，各地各级各类校园足球特色化改革试点已基本完成并取得阶段性成果，为进一步推广奠定了基础。2020年的8月，《全国青少年校园足球八大体系建设行动计划》正式公布。该计划将"满天星"训练营塑造为新型足球学校的实验基地和指导方针，并在实际训练过程中持续积累经验，进而制订了《新型足球学校建设与精英训练方案》。经过国内外顶尖教练的精心配置，实施了高质量的教学和训练，组织了高水平的比赛，并提供了高质量的保障措施，以确保顶级教练能够顺利进入，优秀的足球后备人才能够顺利离开，从而实现了体育与教育的完美结合。

（三）青少年校园足球发展存在的困囿

得益于高级别和高密度的政策扶持，我国的校园足球比赛体系在最近几年里逐渐走向成熟，比赛的组织和执行也变得更为标准化。在校园足球竞赛体系从"扩大"到"强化"的演变中，涉及多个方面的综合参与，例如人才的流通路径、赛事的设备支持、赛事的文化建设等，这些都是决定校园足球竞赛是否能够顺利进行的关键因素。

1. 政策治理尚待统筹

现阶段，学校足球的政策管理仍然处于摸索中，存在很多发展不平衡情况。一方面，在校园足球赛事体系中，普及性的赛事或有趣的活动并没有得到统一的政策指导。普遍的观点是，校园足球比赛中存在一种"过分重视竞技而忽视普及"的不正常现象。[①] 探究背后的原因，全国学生体协主导下的校园足球竞赛主要集中在纵向的竞技赛事，而由地方协会主导的横向普及型赛事则没有得到足够的关注，因此有必要制定统一的策略来进行推广和指导。

第三部分为国外优秀校园足球运动开展经验借鉴。以美国青少年发展联盟为研究对象，考虑到偏远地区的青少年缺乏必要的足球硬件和软件资源，该联盟推出了"足球穿越美国"的项目，并为身体有障碍的青少年推出了"TOP足球"项目。因此，我国可借鉴国外经验，结合国情开展适合于当地特色的体育活动和教育培训等方面的工作，更好地推进校园足球的建设与普及。以美国青少年发展联盟为研究对象，利用专门设计的足球工具来进行游戏和比赛。

我国高校开展的大学生足球联赛已经成为中国学生参加体育活动的重要形式之一。为了推广青少年足球，采纳了全纳式的教育方法，并在设计项目或比赛时深入考虑各种人群的特定需求。要想使学校足球运动得到健康快速地发展，就必须加强对其进行科学规划，建立完善有效的管理体制，并制定一套科学合理的评价体系。

与此相对照，目前我国的校园足球普及赛事仍然是地方组织和广泛参与的

---

① 袁田：《新校园足球发展的新困境及新思路——德国青少年足球运动员培养对我国校园足球的启示》，《武汉体育学院学报》2018 年第 2 期。

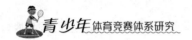

初级阶段，导致在普及和提高竞技水平之间的发展出现了不均衡的情况。在推广和普及面向所有学生的校园足球活动上，需要更为精细和稳固地进行。一方面，地域性的不均衡性。在教师培训、资金支持和场地建设等方面，南方和东部地区的资源相对丰富，而北方和西部地区则相对缺乏。相较于乡村学校，城市学校在经费支持、教师队伍和场地资源方面都表现得更为优越。另一方面，校际之间发展不平衡。同一区域内不同学校的足球发展水平存在较大差异，部分学校能吸纳所在区域的优质资源，使得校园足球得到充分的发展，而其他学校由于资源缺乏导致开展校园足球的积极性被弱化。

2.体教融合有待进一步深化

目前，校园足球联赛与职业足球青超联赛在发展过程中尚未形成有效的协同机制。在当前中国社会背景下，校园足球和职业足球之间的关系应该是互补共生、共同发展的。学校的足球联赛主要是由学校队伍组成，而职业足球青超联赛则以俱乐部的青少年梯队为核心，双轨少年足球赛制度可能会带来很多问题。通过对两个竞赛体系进行对比分析，我们发现了其各自特点及优势所在。

在两种不同类型的竞争中，存在着显著的差异。从整体上看，我国目前校园足球开展得比较好，但是职业足球青超却处于起步阶段，其组织形式和竞赛体系都有待进一步完善。尽管校园足球队有资格报名参与职业青超赛，但由于他们在训练质量和装备支持上的不同，仅有极少数具有校园足球特色的学校球队有资格参与青超赛。因此，校园足球发展与职业化进程不匹配，影响了我国职业体育后备人才培养质量，不利于国家竞技体育事业的健康可持续发展。

在两种不同的赛制中，运动员之间的交流面临着巨大的阻碍。校园足球运动发展至今，已经形成了以"国家队"为代表的高水平俱乐部与普通中小学、幼儿园开展业余训练相结合的双轨制联赛模式。现阶段，在中国足协注册的青超球员不能参与学校足球赛事，使得家长和学生在决定学校或职业方向时十分犹豫；同时，很多青少年对参加职业足球联赛持观望态度，校园足球队的权益并未得到确保。我国现行《中华人民共和国体育法》没有对校园足球运动进行专门立法保护，校园足球运动员权益得不到充分的法律保护。目前，学校足球运动员的归属问题变得越来越明显，如果职业俱乐部级别的人强行签约校园足球运动员，那么学校或足球队将无法获得相应的补偿。

3. 人才流体系通有待完善

由于全国高等教育机构和高水平运动队的招生政策发生了变化，导致高校聘请高水平足球运动员的数量显著减少。同时，由于高水平体育生招生政策的调整，校园足球运动员的升学途径也相应地减少了。随着高中升入名牌学校的机会减少，学生面临的成长问题和压力逐渐加大，导致一部分学生因为升学的压力而选择离开足球队。这就要求高校在人才培养过程中，应加强对校园足球运动的重视程度。当前，高等教育机构在选拔杰出的高中足球人才时，主要依赖于全国范围的赛事来挖掘优秀的校园足球选手。因此，建立一个从高中优秀足球人才到大学优秀足球人才的选拔和交流机制，可确保各个阶段的优秀足球人才能够顺利流动。

校园足球运动开展的好坏直接影响着中国足球事业发展水平，所以说，构建完善的校园足球人才培养体系显得尤为重要。它构成了校园足球的核心部分，并为足球专业的学生提供了坚实的基石。同时，也有利于推动校园足球向更高层次发展，促进校园足球运动健康有序地开展。

当前，我国的校园足球人才配置存在几个主要问题：其一，这种选拔方式主要是基于当前比赛的表现，对球员的了解和评价并不全面，不能有效地进行训练与学习等。其二，那些未曾参与过高水平竞赛的运动员很难被察觉。许多学校过分关注主力球员的表现，而忽略了业余球员的表现，导致大学运动员资源的不均衡分配。其三，大部分青少年缺乏系统的训练，导致队员技术较差，不能适应足球运动发展需要。另外，政府已经废除了对特长生的加分政策，这使得学校在招收足球特长生方面面临更大的挑战。

4. 保障体系亟待提高

赛事的保障机制，如硬件设施的建设和资金的投入，仍然存在不足。赛事的组织者通常会选择设施完备、具备举办大规模比赛能力的赛区或学校作为场地，但在主客场的比赛中，对参赛学校的硬件设施有较高的要求。

此外，由于缺乏统一组织和协调，各校之间缺少必要的沟通与交流，导致不同学校间竞赛水平参差不齐。

在全国范围内，绝大多数的高中教育机构在竞赛保障方面都面临着某些问题。其一，竞赛的硬件设施建设相对滞后，导致场馆不完善、草坪的质量不佳以及看台上观众的数量不足等一系列问题。其二，学校足球队的经费援助显然不足。部分高校还未成立专门的足球运动协会，学生参加校内外各种形式的篮球赛事也是非常有限的。因此，校园球队不能很好地参与到日常的体育运动中。由于取消了对高中以下级别比赛球衣的广告赞助，社会对高中比赛的支持受到了限制，导致目前的校园足球资金严重依赖于学校，很多成绩一般的学校很难获得足够的竞赛经费，这是校园足球队与职业俱乐部梯队实力差距的一个重要因素。其三，校园足球开展过程中缺乏科学系统的管理方法。从人力资源角度看，绝大部分校园足球队并未配备有经验丰富的医疗团队，这对学校足球队的训练和比赛方式产生了直接的影响。部分校园足球队缺乏高水平的裁判员和后备人才，一些以足球为特色的学校，足球教师和教练员在业余时间从事不计入工作量的教学和训练等活动，很少有机会外出参与校园足球师资和教练员的培训，也没有得到学校的经济支持。此外，优秀的退役足球运动员成为学校足球教师或教练的道路还没有完全打通。

5. 赛事监管仍需强化

其一，目前校园足球的协同推进机制还不够完善。高校对校园足球开展不够重视。教育和体育两个部门在推进校园足球的发展上职责模糊，因此在共同策划和有条不紊地推进足球体系的建设上遇到了难题。各相关利益主体之间缺乏沟通与合作，不能形成合力，影响了校园足球工作的开展。其二，在足球人才的培训和流动上，学校、体育学校、社交俱乐部以及职业足球俱乐部仍然面临一些挑战。行业内的障碍并没有成功地整合和优化体育和教育资源的分配。其三，学生参与足球运动的热情不高。学校的足球比赛在质量和整合程度上都不尽如人意。其四，校园足球运动组织形式单一，缺少大型体育赛事的支持。拥有校园足球特色的学校在组织校内比赛方面的频率相对较低。学校间的足球比赛主要是邀请赛和区级比赛，缺乏高水平和综合性的比赛。在足球特色学校，男队的数量明显多于女队。

此外，新校园足球在小学、初中甚至幼儿园都推出了一系列受欢迎的比赛，但缺乏统一的监管平台来为这类比赛提供宣传和指导。教育部门对普及性高的赛事的开展情况掌握不够充分，因此无法提出更具指导意义和可持续发展的建议。

二、项目案例二：青少年篮球

在中国特色社会主义建设步入新时代这一关键的历史战略时期，体育强国建设被视为全面构建社会主义现代化强国的核心基础，也是实现中国特色社会主义第二个百年奋斗目标不可或缺的一环。作为体育事业的基础工程之一，青少年体质健康水平对国家综合实力有着至关重要的作用。

在新时代的发展背景之下，青少年体育后备人才的培养已经成为一个重要的议题，特别是"三大球"项目。围绕"三大球"后备人才培养的改革正在逐步展开，其中，青少年竞赛体系的创新设计和改革已经成为青少年后备人才培养体系建设的关键环节。本节通过查阅文献资料并结合实践工作经验，对"三大球"运动员培养现状进行分析研究，发现存在问题并提出相应对策，为推动中国足球事业更好、更快地向前发展提供理论支持。

2021 年 10 月，国家体育总局发布了《"十四五"体育发展规划》。该规划强调了体教结合、竞技体育的后备人才培训以及"三大球"的复兴，这些都是为了推动体育强国的整体建设。篮球作为中国"三大球"运动的一部分，在推进我国成为体育强国的过程中占据了至关重要的位置。青少年体育竞赛则是体教融合进程中的一个关键环节，为了深化体教融合并促进青少年的健康成长，我们需要一个完善的青少年赛事体系作为支持。[①]显然，在新时代体育与教育融合的大环境下，对我国青少年篮球竞赛体系进行科学和合理的整合建设，并推动不同赛事的融合发展，是推动体教融合发展的关键策略。

我国的竞技篮球后备人才培养体系是基于"举国体制"的，涵盖了从省（市）体育学校、俱乐部三线队伍、学校运动队，到省（市）青年队、俱乐部二线队、高等教育运动队，再到专业运动队、职业篮球俱乐部和国家队的三级训练网络培养模式。[②]自改革开放以来，我国的篮球运动三级培养网络模式已经培养出大量的篮球竞技人才。但是，随着我国进入社会主义市场经济体制的完善阶段，这种三级培养网络模式已经不能满足篮球项目竞技人才的培养需求，主要体现在学习与训练的矛盾、人才断层、运动员的就业问题、后勤保障，以及各方利益的冲突和矛盾中，这些问题很难在短时间内得到有效的解决。

（一）体育系统青少年篮球竞赛体系发展困境

体育领域的青少年篮球比赛主要由体育总局、中国篮协、地方篮协、各省（市）体育单位、体育协会以及传统篮球项目学校等机构主办。这些比赛包括全国青少年运动会的篮球比赛、全国各级别的青少年篮球联赛、锦标赛和冠军赛等。具体到全运会、青运会、全国 U 系列青少年篮球联赛和锦标赛、全国

① 钟秉枢：《体教融合背景下青少年体育赛事体系的完善路径研究》，《体育学研究》2021 年第 5 期。

② 许秋红、明洁：《江苏省青少年体育竞赛体系实践探索》，《体育与科学》2021 年第 2 期。

青少年篮球传统项目学校联赛、全国青少年篮球俱乐部联赛、星火杯、篮校杯和体联杯等各种级别的篮球比赛，它们在纵向结构上已经初步构建了一个自下而上、层次分明的竞赛体系，而在横向结构上，它们展现出了多样化的特点。随着社会经济文化水平的提高，以及体育事业改革的不断深化，我国青少年篮球竞赛体系也发生着深刻变化。在我国的体育体系中，尽管青少年篮球比赛展现出了多样化和稳定的发展趋势，但在新的历史背景下，仍有很多需要改进的地方。

1. 管理资源的集中性和管理环境的封闭性

在体育体系中，青少年篮球竞赛的组织和管理方式呈现出较为单调和独立的特点。因受到竞技体育"举国体制"的影响，各级政府部门所建立的体育赛事管理制度具有明显的行政色彩，监管权限过于集中。此外，竞赛的审批、组织、运营和管理都是制度化的，而比赛的形式、方法和条件也相对单一，缺乏足够的灵活性。市场价值门槛较低，满足竞赛条件变得困难，而市场调节机制难以扩大各种竞赛的影响力。由于缺少相应的制度保障和有效约束机制，导致各级各类学校之间开展的青少年篮球运动水平差距较大，甚至出现了低水平重复现象，不利于我国优秀后备人才的培养和发展。

另外，在体育系统中，篮球比赛通常仅限于体育学校、职业队、俱乐部青训队以及省市青少年队等体育相关机构的运动员参与。在这样的环境下，很难建立一个合理的适应机制，这不仅妨碍了不同体育体系之间高水平赛事的整合和交流，也难以将教育系统的社会影响力与社会市场的经济活力有效地融合在一起。

2. 内部失衡和外部独立

在体育系统的篮球竞赛体系改革中，仍然关注的事如何通过完善制度模式来提升篮球运动的整体发展水平。虽然各级管理部门强调了周边和顶层的设计，但对于青少年篮球运动的根本基础的优化并没有给予足够的重视，导致资源过度集中在顶层，造成资源的片面浪费和内部发展的不均衡等问题。从外部价值实现的角度来看，体育系统的青少年篮球竞赛目标是为国家选拔出优秀的竞技篮球后备人才。

由此可见，体育系统在我国篮球人才发展方面起到了至关重要的作用。在2010～2021赛季的CBA中，注册的职业运动员总数为354人，其中包括303名国内球员。除了通过CUBA、NBL、社会团体等方式进入职业联赛外，超过80%的运动员是由体育系统培训的，这些培训途径涵盖了专业运动队、篮球学校、省市体育学校和俱乐部青训队等。在2019年参与篮球世界杯的中国男子篮球国家队的12名球员名单里，所有这些球员都是由体育部门培育出来的。显然，与其他的人才培训途径相比，体育系统在培养人才方面展现出了显著的优越性。

3. 培养渠道单一，影响范围有限

为了进一步推动青少年篮球运动的壮大，国家体育总局在2010年决定成立篮球中心的青少年部门，简称为青少部。青训部由中国篮协负责领导与管理，其工作重心是抓好青少年训练工作。

从2012年开始，青训部逐渐将焦点集中在U13、U15、U17这三个年龄层次的篮球选手上，并在全国的传统项目学校中逐步建立了U系列赛制的国内循环竞赛体系。这不仅增加了青少年参与篮球比赛的人数，而且通过严格的人才选拔和持续的培养，青少年国家队和青年队的表现也得到了显著提升。

现阶段，青少部已经初步构建了一个覆盖全国体育学校U11～U17各个年龄段的比赛体系，偶尔会组织U11、U13、U15、U17的训练营，而在奇数年则会组织U12、U14、U16的训练营。[①] 此项安排不仅有助于避免因训练营

---

① 贾志强：《新时代我国篮球项目青少年创新人才培养体系的路径选择与对策研究》，《北京体育大学学报》2020年第4期。

过多而产生的各种问题（如年龄误报），还能为青少年篮球选手提供系统化的训练和持续的比赛机会。本书以"中国大学生篮球联赛"为研究对象，从竞赛体制、管理体制、运行机制等方面探讨我国高校篮球和青少年竞技体育发展现状，并提出相关建议。多年来，国家体育总局的项目实施极大地推动了国家篮球青年后备人才的培育工作，尽管如此，仍然存在许多明显的不足之处。全国体校 U 系列比赛作为后备人才培养的途径相对单调，其培养目标主要集中在全国各地的传统篮球学校和篮球后备人才的训练基地，因此在全国范围内产生实质性影响的可能性较小。

（二）教育系统青少年篮球竞赛体系的发展困境

在我国的教育体系中，青少年篮球竞赛的级别通常是按照学段来划分的，从而形成了一个从"小学—初中—高中—大学"的四级竞赛体系，每一个级别都涵盖了不同种类的比赛。由于各级别之间存在着明显差异，使得各学校间开展的篮球运动水平差距较大，影响了学生身体素质发展。目前，在全国范围内的篮球比赛中，仅初中、高中和大学三个级别有各自的全国性比赛。其中，大学已经建立了一个相对完善的竞赛组织，即由中国大学生体育协会主办的中国大学生篮球联赛（CUBA），而初中和高中级别只有全国初中篮球联赛和全国高中篮球联赛两个赛事，小学级别的篮球赛事体系还没有形成全国统一。[①]

竞赛体系过于单调，很难完全满足比赛的各种需求。当前学校体育工作开展过程当中最重要的就是对中学生进行体育锻炼和培养锻炼能力，这就要求学校要建立完善的青少年篮球竞赛体系，以保证其能够适应现代社会发展。当前，我国的教育体系在青少年篮球竞赛方面存在明显的不足，赛事结构相对单

---

① 张利超、李文浩：《深化体教融合：我国青少年篮球竞赛体系一体化建设路径研究》，《山东体育科技》2022 年第 4 期。

调，各个层次的学生运动员面临着训练过多而高水平比赛不足的问题，缺乏对高水平比赛的锻炼机会，这些都成为提高竞技水平的障碍。尽管如此，根据教育部的数据，2020 年我国的在校学生总数约为 2.395 亿，这意味着我国教育系统在各个阶段都有庞大的学生基数。为了确保篮球运动在校园得到深入的推广，我们需要一个多样化的竞赛体系，这不仅为学生提供了一个训练和竞赛的平台，还为筛选出杰出的青少年篮球备选人才创造了条件。

竞赛体系的纵向连接存在障碍。尽管教育体系为广大的青少年提供了一个相对完善的文化学习、考核、选拔和晋升到下一教育阶段的固定流程，但对校园篮球而言，校园内还没有建立起一个统一且有序的人才培养和输送机制，而竞赛体系也未能充分发挥其作为连接纽带的功能。另外，在我国的教育体系中，青少年篮球竞赛呈现出一种横向规模化的发展模式，而纵向的内部联系则相对缺乏。目前，在全国初中篮球联赛、全国高中篮球联赛和中国大学生篮球联赛等多个不同类型的赛事中，优秀的运动员和教练员之间还没有建立起一个有效的输送、交流、学习和培训机制，也没有利用教育系统内在的分层机制来形成一个上下级之间紧密衔接、互通交流的整体竞赛模式。

在竞赛中的表现相对偏低。相较于体育体系，教育系统中的青少年篮球比赛在对抗性、竞争性和竞技水平上都稍显不足。主要是因为教育系统的青少年篮球训练和比赛的核心目标是促进身心健康的发展，同时，不同级别和类型的学校的篮球教练的培训水平也相对较低。这对当前教育系统人才培养模式提出了挑战。青少年篮球作为一项具有较强竞技性和观赏性的运动项目，其核心竞争力在于竞技能力。在新的时代背景下，我国的篮球发展观念和对人才的需求已经转向培育既有知识又有技能的高质量篮球专才。对年轻的篮球选手来说，他们不仅要有出色的竞技表现，还必须拥有深厚的文化背景。因此，在未来体育与教育的融合趋势中，如何进一步提升教育体系的竞技实力变得尤为关键。

竞赛的组织和管理体制尚未完善。从比赛的组织结构来看，我国的教育体系还没有建立起一个统一、完整且上下级关系紧密的竞赛管理结构，也缺乏专门负责篮球队竞赛的管理机构或单位，导致篮球比赛的组织结构过于分散和竞赛体系的碎片化。再者，教育体系中的竞赛组织管理是相对独立的，由教育部体卫艺司进行管理，与体育和社会系统的竞赛属于不同的组织管理体系，这三大体系还没有形成竞赛管理一体化的状态，这也是竞赛体系难以实现整体融合的原因。

（三）社会系统青少年篮球竞赛体系发展困境

在我国的青少年篮球竞赛体系中，社会系统的青少年篮球竞赛体系占据了一个重要的位置，其赛事体系呈现出多元分散性和无序性的特征。在这种背景下，社会组织作为一种新型的社会力量参与我国的青少年篮球竞赛。目前，我国社会组织举办的青少年篮球比赛主要涵盖了地方企业杯、城市联赛、NYBO、小篮球联赛、苗苗杯等多个省（市）的小篮球赛事。这些比赛大多是由当地的民间社会篮球组织、社会企业公司或体育公司自行组织和运营的，其资金主要来源于赞助商和报名费，基本上是独立的、市场化的运营方式。在此背景下，我国社会系统青少年篮球竞赛活动的开展取得了较大进展，但仍处于初级阶段。当前，社会体系中的青少年篮球比赛发展也面临着某些挑战。

1. 赛事的品牌效应受限

依据 2021 年中国篮协公布的《中国篮球运动发展报告》，我国社会篮球市场规模庞大，普通篮球人口大约为 1.25 亿，而核心篮球运动的人口则约为 7610 万，同时，培训市场的规模也接近千亿。[①] 然而，与庞大的市场规模相对照，竞赛所带来的影响相对较小。在中国，社会系统组织举办的体育赛事种类

---

① 张利超、李文浩：《深化体教融合：我国青少年篮球竞赛体系一体化建设路径研究》，《山东体育科技》2022 年第 4 期。

繁多，且以公益性比赛为主，而商业性比赛则相对匮乏。

当前，由社会系统组织的篮球比赛涉及的领域相对较少，参与的人数也不多，比赛周期较短，水平也不高，呈现出多点分散的现象，缺乏具有较高影响力和权威性的青少年篮球品牌赛事。因此，社会系统组织开展的青少年篮球比赛项目主要为传统体育项目，且以学校体育为主。尽管 2017 年的小篮球运动竞赛已经成为青少年赛事的少数品牌之一，但它的发展程度仍显不足。通过分析发现，社会系统组织举办青少年篮球比赛时更注重社会效益，而非经济效益。目前，我国的社会系统所组织的青少年篮球比赛，其价值主要体现在短期的集中效益和小规模的传播上。这些赛事通常在几天内完成，能够对特定范围内的青少年篮球发展产生集中的影响，但这些赛事往往缺乏足够的延展性。

2. 赛事未能完全市场化

在社会系统中，青少年篮球比赛应以社会篮球组织为核心，进行自我组织、管理和运营。从社会学视角来看，这种"自下而上"的管理模式有利于发挥其自身优势，弥补其不足，从而促进青少年篮球竞赛健康快速地向前发展。目前，在我国社会体系中，一些在青少年篮球联赛中具有一定影响力的系列赛依然由中国篮协负责组织和管理，例如小篮球联赛、NYBO 篮球联赛、苗苗杯和星火杯等。这些赛事都是在中国篮协的主导下，由各省（市）和地区的教体局协助运营的，形成了一种由政府相关单位主导监管的社会组织性质的竞赛局面。这是我国青少年篮球竞赛在转型发展阶段，或者说是我国竞技体育在职业化、商业化、市场化转型阶段必然会出现的过渡性发展态势。随着市场经济的逐步成熟，在体教融合发展的背景下，这种状态将会逐步改善或消失。

3. 缺乏统一的管理规范

随着赛事的审批权被撤销和下放，政府的管理机构对由各种协会和社会企业组织的青少年篮球和商业联赛的干预逐渐减少，导致社会竞赛体系的分散化。同时，由于各地方之间发展不平衡等原因，造成了我国目前各个城市间的篮球水平存在较大差异。在缺乏统一的社会组织管理结构的情况下，篮球比赛在社会体系中很可能会出现组织上的混乱。

（四）篮球人才培养资源分布不均衡

目前，我国尚未建立一个既权威又统一的篮球青训体系，仍然由中国篮球协会和中国中学生体育协会这两个相互独立的组织来进行管理。这种局面不利于青少年运动员在未来篮球运动发展中发挥应有的作用。中国篮球协会负责指导俱乐部、体育学校以及其他青训机构中国大学生体委领导全国各高校的青训力量。在中国中学生体协和中国大学生体协的领导下，学校的青训力量主要集中在各大院校。两个协会各自拥有一套不同的青训计划，但没有形成有效整合。两个青训系统还没有完全整合，导致我国的青训资源被隔离。因此有必要对二者进行整合，使其成为一个统一整体，从而更好地为国家输送更多高水平后备人才。现在提到的篮球专才涵盖了教练、运动员和技术专家等，这些高质量的资源主要分布在体育学校和各种俱乐部里。过去，在"举国体制"的大环境下，为了集中资源办大事，各省、地（市）体育局会从各体育协会中选拔大量的优秀运动员和教练员，组建省、市级运动队，并留在体育系统中。[1]

伴随着"举国体制""体教结合"和"体教融合"等多个历史时期的变迁，我国的青少年篮球竞赛的组织和管理方式呈现出各自时代的特色，经过多年的演变，已经构建了一个涵盖范围广泛、形式各异的复杂体系。从历史演进角度来看，现代篮球运动经历了竞技化时期、职业化与专业化阶段以及社会化发展三个大的变迁历程，每一次变迁都为青少年篮球竞赛体系带来深刻变革。青少年篮球比赛是培养青少年篮球预备人才的关键支柱，一个高质量的比赛体系能

---

[1]　贾志强：《新时代我国篮球项目青少年创新人才培养体系的路径选择与对策研究》，《北京体育大学学报》2020 年第 4 期。

够有效地筛选和培育出高水平的篮球预备人才。目前，青少年篮球竞赛体系已成为我国竞技体育事业发展的基础保障，对我国篮球运动水平的提升发挥着至关重要的作用。然而，在新的时代背景下，为了全面推动体育强国建设和体教融合战略的实施，需要对青少年篮球后备人才的培养方式进行转型和变革。同时，青少年篮球竞赛体系也应进行全面的规划，并构建一个组织完善、结构有序、紧密衔接和制度严谨的青少年篮球竞赛体系。

三、区域案例一：江苏省青少年体育竞赛体系

重视"竞赛"这一环节是执行"体教融合"策略的核心，而对青少年体育赛事体系的完善则是推动体教融合的关键手段。青少年赛事在培养优秀后备人才方面发挥着积极作用，对推动我国竞技体育事业发展起着不可替代的促进作用。体育竞赛是一种关键的手段，用于激发青少年对体育的热情，营造一个和谐的比赛环境，并提升青少年运动员的技术能力。我国举办过大量青少年体育赛事活动，为中国竞技体育事业做出巨大贡献。青少年体育赛事不仅推动了青少年体育文化的引入和普及，还弘扬了奥林匹克和中华体育的核心精神，进一步促进了青少年体育活动的广泛传播和质量提升，同时也在培训市场上产生了积极的辐射效应。在此基础上，通过对青少年赛事现状分析发现，其存在着缺乏统一组织管理，项目单一、竞技水平不高、缺少专业指导人员等问题，影响了"体教融合"战略的深入推行。

在青少年体育需求日益多元化的大背景下，我们需要构建一个层次分明的青少年体育赛事体系，以实现对青少年身心健康和体育后备人才培养的双重目标，从而有效地推动"体教融合"的全面发展。在此基础上，从政策层面研究我国青少年体育赛事的发展趋势以及对社会产生的影响。《意见》特别强调了体育与教育资源的整合，并提出了一系列针对引领型（全国学生运动会）、精

英型（全国体育行业协会和学生体育协会）以及大众型（多元体育赛事主体）体育赛事的改革方案。未来我国将通过完善青少年赛事管理体系，进一步优化青少年体育赛事资源布局。青少年体育竞赛体系，以综合运动会为中心，不仅是展示地区体育发展水平、选拔和培养优秀体育人才的重要平台，同时也是体育运动的核心和主体。

国家以全民健身项目为基础，设定奥运争光的目标，并利用全运会作为评估各省（区、市）以及行业协会在体育方面工作进展的关键平台。因此，在中国体育事业中占有十分重要的地位。在过去的数十年中，我国成功地创建了众多的青少年体育赛事。这些赛事包括每隔三到四年举行的综合性学生运动会、全国青年运动会，还有每年举办一次的青少年体育比赛，如全国青少年阳光体育节、全国传统项目学校比赛、青少年 U 系列比赛、青少年俱乐部比赛以及大学生和中学生的比赛等。这些赛事不仅是中国体育事业的一个缩影，也反映了各地区体育发展水平。各省（区、市）通过每隔四年组织一次的区域性大型体育赛事和每年的青少年比赛，展现区域体育的发展成就。

近年来，各地也尝试对青少年赛事进行调整和改进，其中不乏成功的经验，也有失败的教训。比如，江苏省的青少年体育赛事继续采用了业余训练比赛的方式，以每隔四年举办一次的省级运动会作为指导，主要目的是选拔和培育未来的体育人才。这些活动对推动个提高全省体育运动水平起到了积极的作用，同时也促进了江苏省体育事业整体上的发展。然而，在全面推进体育改革的大背景之下，当前的竞赛制度尚未完全满足青少年体育活动的实际需求和体育高品质发展的标准。

（一）江苏省青少年体育竞赛的现状分析

1. 近四届省运会赛事情况

通过对近四次江苏省省级体育赛事的综合分析，我们发现省级青少年体育

赛事涵盖了每四年举办一次的省运会和每年一次的青少年阳光联赛，体育部门和教育部门联合进行了比赛方案的研究和制定。各级各类组织承办了一些大型综合性的体育运动会和单项运动会，如青奥会、全运会和全国大学生冬泳邀请赛等。省运动会设有青少年部、高校部和职工部，每年都会举办青少年锦标赛、冠军赛、分站赛、系列赛、体育传统项目学校比赛和青少年俱乐部比赛。主要由教育系统举办的活动包括中小学生锦标赛等。

江苏省运动会的青少年部比赛是对全省青少年体育活动的主要评估途径，它能够直观地展示青少年体育的普及水平以及未来青少年人才的储备情况。它既反映了江苏省体育事业在全国所处的地位，也代表了江苏省体育发展的水平。省运会青少年部的项目设计和方向定位，对整个省份的体育产业的未来走向有着直接的影响，并为全省的竞技体育发展奠定了坚实的基础。

在对历届省运会进行分析总结的基础上，结合新时期我省经济社会发展形势与体育事业发展趋势，我们提出了"十一五"期间省运会青少年部应遵循的基本原则。经历了几次省级运动会后，我们已经制定了一个相对完整且适应江苏体育产业增长的竞赛计划。自十六届省运会开始，竞技体育项目的设置一直保持着一定的连续性和稳定性。在连续的四届省运会中，共有28个项目得到了延续，这些项目包括田径、篮球、排球、乒乓球、足球、游泳、网球、垒球、羽毛球、手球、体操、摔跤、跆拳道、柔道、跳水拳击、武术、棒球、射击、曲棍球、射箭、击剑、自行车、艺术体操、举重、蹦极、赛艇、花样游泳等。

随着时光流转，江苏省运动会的团体奖励制度也经历了若干调整。根据比赛成绩进行排序后，在历届中一直保持着良好的态势。除了体育精神奖，第十六届有6个，第十七届有7个，第十八届有9个，而第十九届则有5个奖项。到第十届全运会后改为以单项比赛为主。在前三届比赛中，金牌和总排名受到了高度重视，第十七届评选出了表现出色的项目和进步奖，而第十八届则确定了综合和赛会的各个榜单。同时，在各运动单项中增设奖励等级。

在过去的四届省运会代表团奖中，输送奖和贡献奖都得到了保留，进一步突出了省运会为各个省份的优秀运动队提供高质量后备人才的关键性。对运动员个人获奖进行排序并增设了个人全能奖，突出了江苏省优秀运动队伍在全运会中的优势地位。在第十九届省运会上，青少年体育工作获得了优秀组织奖，该组织奖覆盖了比赛表现、比赛状况、训练管理以及青少年体质等多个方面；增设"青年体育明星"奖项，突出对青少年运动员在选材培养、竞赛体制机制创新等方面做出的贡献。最近，我们新增了由省级联合主办的优秀运动队特别奖和竞技体育未来之星奖，极大地激发了全省各组织在推动青少年体育事业方面的积极性，有助于加强省级优秀运动队的建设。

江苏省运动会旨在为各个年龄段的赛事培育新的人才储备。观察前四届省运会中的运动员年龄，8～18岁视为江苏省未来人才的主要培养时期，特别是在11～17岁这一年龄段，队员的集中度较高，这也是培训后备人才的关键时期。根据对历届省运会参赛情况进行分析可知，在本届省运会上，所有项目的平均竞技水平均高于往届全运会。

值得注意的是，第十九届省运会的年龄上限相较于前三届省锦标赛有了明显的下调，每个比赛项目的最大年龄上限定为18岁。

另外，在比赛年限方面也进行了适当调整和改革，使得各年龄组别的运动水平能够达到一定程度上的均衡发展。例如，在快乐体操这一项目中，规定的最低参与年龄已经下调至5岁，这一变化为省级运动会设定了全新的评判标准。同时也说明江苏省少儿体校在训练方面已经具备一定水平，并能满足青少年对竞技运动发展需要，但仍需进一步提高训练质量和效率。为了积极推进少儿体育项目并加强体育后备人才中心的建设，低龄赛制的设置成为关键的基石。①

---

① 许秋红、明洁：《江苏省青少年体育竞赛体系实践探索》，《体育与科学》2021年第2期。

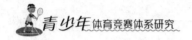

2.年度青少年比赛项目设置情况

在江苏省，青少年体育赛事的参赛规模和分布存在明显的不均衡性，这与赛事的普及水平、赛事的独特性、分类的指导原则、不同的组别以及小项目的设置等因素有着紧密的联系。在13个城市，田径、篮球、足球、乒乓球、游泳、羽毛球、武术、柔道、击剑、举重、网球和跆拳道等运动项目都有开展。不同类型体育活动参与率差异明显，群众基础好的地区参加次数较多。在参赛人数方面，田径、游泳和击剑是最多的项目。

四年内，参赛人数超过了1万人次，而足球和射击的参赛人数则超过了5000人次。此外，篮球、排球、乒乓球、羽毛球、网球、体操、武术、柔道、跆拳道和自行车的参赛人数也超过了2000人次。从各竞赛类别看，竞技体育是主要内容，其次为大众体育项目，而群众体育活动则较少。这与项目的具体要求以及比赛的数量存在某种联系。当然，也存在一些项目的布局并不广泛，因此其普及度相对较低。另外，从我国竞技体育发展现状看，虽然运动员参加奥运会的比例较高，但由于训练时间较长，导致了运动员年龄老化等原因，出现了大量的退役队员。因此，我们应当紧密跟随国家的奥运策略，及时调整项目的布局，以解决某些项目中青少年后备人才的短缺问题。

（二）江苏省青少年体育竞赛体系发展困境

1.体育竞赛制度有待进一步规范

青少年体育竞赛制度主要涵盖了与青少年体育比赛有关的各种规范性文档、比赛方式以及技术规范。我国目前已形成由国家层面制定统一法规并组织实施的全国范围内青少年体育赛事管理制度体系。江苏省已经制定了以四年为一个周期来管理和规范全省青少年体育赛事的制度。通过举办各级各类赛事活动，使江苏成为国内最具影响力的青少年体育项目基地之一，对推动江苏体育事业的快速发展起到了重要作用。然而，这样的比赛制度将年度赛事与省级运动会紧密地结合在一起，更多地侧重于比赛结果，而在过程中缺乏有效的监管，因此很难全面满足体育行业发展的多样化需求。

通过对江苏省青少年体育竞赛现状进行分析，我们发现存在着赛事组织机构不完善、项目设置不合理、参赛运动员少等问题，制约了江苏竞技体育事业的可持续发展。因此，我们应当寻求一个结合青少年体育赛事的定量与定性、过程与结果以及评价与评估的综合评价体系。通过整合全省的青少年体育竞赛资源，我们可以最大限度地调动各部门的积极性，推动青少年体育事业的持续发展，并通过多种方式、多个渠道和多个层次培养出杰出的体育后备人才。

2.体育竞赛办法有待创新

青少年的体育竞赛成为评估运动员竞技实力的关键措施。目前国内还没有专门针对青少年体育活动的专项化、规范化的系统评价指标体系。尽管成绩和排名能够在某种程度上展示运动员过去的训练表现和竞技实力，但这些评估标准很难真实地展现青少年运动员的潜在发展能力。

青少年时期是个体成长的关键时期，也是身心发生重大变化的关键期，因此必须从生理角度来分析影响其运动能力提升的因素。青春期是身体成长的关键阶段，其生理特性要求建立一个与青少年运动员生长模式相匹配的竞赛策略，而不是简单地模仿成人的比赛方式。

通过多年实践发现，将体育活动分为不同等级并设立相应的运动级别进行专项化训练，可有效提高运动员竞技水平。然而，由于长时间缺少对特定年龄群体、特定项目、组织流程、竞赛形式和奖励机制等方面的深入研究和设计，导致与业余训练的有机结合变得困难，进一步阻碍了运动员竞技能力的全方位提升。我国目前还没有针对青少年运动人才成长成才的专项化系统培养方案，这也导致青少年运动员的个体差异性明显。

另外，由于青少年业余体育训练的分级竞赛制度设计存在不合理之处，以及训练与文化学习的不协调安排，运动员参与比赛的时间也受到了限制，这些

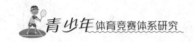

因素都加剧了比赛与训练、比赛与文化之间的冲突，不利于培养具有良好身体素质和专项运动技能的优秀青少年运动员。例如，在各个区（县）的体育学校中，运动员参与比赛的机会相对较少，这并不能实现以比赛推动训练的目标，从而在某种程度上制约了青少年运动员的竞技表现。

3. 运动员资格和年龄弄虚作假现象频发

一个开放的沟通平台对资源的高效整合是有益的，但如果管理不当，可能会引发流动不畅和不公正的情况，这将大大打击教练和运动员的工作热情，并对训练的持续性产生负面影响。因此，有必要建立统一规范的青少年运动员注册制度，以保障其公平竞争的权利。

现阶段，我国的青少年运动员注册制度还未完全建立，各个省份的注册系统之间存在明显的不连贯性。这导致在专业训练层面上，青少年运动员的人才流动出现了多种问题，例如雇用队员和年龄造假等，这些都是对有限资源的巨大浪费。部分教练员为了追求短期利益，不惜花费大量时间和精力来雇佣运动员，而没有集中精力进行深入的研究和训练。长时间这样，他们的训练水平急剧下降，严重影响了运动员的竞技表现。同时，由于运动员身份与社会地位的不同，其退役后的就业安置也存在很大差别，有相当一部分人选择了转行或下岗待业。因此，运动员的资格和年龄数据造假的情况，在某种程度上揭示了对训练和比赛目标的误解，以及对训练和比赛流程的监管不足。

四、区域案例二：江西省青少年体育竞赛体系

（一）江西省青少年体育竞赛体系的现实样态

青少年阶段是孩子从儿童逐渐过渡到成人角色的关键时期，这一时期通常指的是 13～19 岁的青少年，他们大多是从初中到高中毕业的学生。随着社会经济水平不断提高及人们生活质量不断改善，青少年对体育运动越来越重视，

学校则成为培养学生参加体育锻炼兴趣以及锻炼能力的重要场所，因此学校也逐渐建立起一套完整的青少年体育赛事管理体系。在我国的体育竞赛大环境中，江西省的青少年体育赛事体系主要由省政府主导的省运动会（由省体育局负责承办）、体育部门主导的青少年体育赛事，以及教育部门主导的各级学校的阳光体育比赛组成。

1. 江西省运动会开展情况分析

（1）省运动会基本情况

江西省运动会是该省最高级别的综合性体育赛事，其首届省运会是在1954 年举办的，之后还不定期地举办了多届，直到 1994 年的第九届省运动会后，才形成了每四年举办一届的常态化赛事。省运会是推动全省各地体育事业发展，发掘和培养优秀竞技体育后备人才的重要赛事。从历届比赛来看，各单项都有其自身特点，且与其他运动项目有着千丝万缕的联系，因此也具有一定的特殊性。

以 2022 年在江西省举行的第十六届运动会为背景，这次的比赛项目是按照青少年部、学校部、社会部和机关部这四个部门来划分的。其中，青少年部进一步细分为青少年组、俱乐部组以及跨界跨项组。各年龄段人群均有相应的比赛项目及竞赛规则。

青少年组的项目设置涵盖了 20 个主要项目，这些项目包括田径、游泳（包括游泳和跳水）、射击、体操、篮球、网球、足球、跆拳道、拳击、国际式摔跤、举重、皮划艇、赛艇、乒乓球、击剑、羽毛球、排球、武术（包括套路和散打）、攀岩和高尔夫球；俱乐部组共有 12 个主要项目，包括篮球（三人制）、跳绳、航模（空模、海模）、足球（五人制）、气排球、击剑、轮滑、啦啦操、攀岩、体育舞蹈、高尔夫球、桌式足球；跨界跨项组涵盖了 12 个主要项目，它们是：田径、乒乓球、举重、羽毛球、拳击、射击（包括步手枪和飞碟）、跆拳道、跳台滑雪、国际式摔跤、武术（如套路和散打）、赛艇和皮

划艇。

（2）近四届省运会青少年部项目设置情况分析

江西省运动会是一个每隔四年举行一次的大规模体育活动，它不仅是对全省体育事业的一次全面审视，也是用于选拔和培养未来体育人才的关键途径。通过省运动会，可以全面了解到江西省体育事业取得的成就，也能够为今后更好地开展各项体育运动提供参考和借鉴。省运会的青少年部比赛直观地展示了该省青少年体育的进展情况，而比赛项目的设计（表3）将直接决定该省青少年体育未来的走向。

表3 江西省运动会青少年部近四届项目统计表

届数	项目设置	变化项目
第十三届	田径 游泳 体操 跳水 举重 拳击 国际式摔跤 跆拳道 柔道 射击 赛艇 皮划艇 乒乓球 羽毛球 网球 武术套路 武术散打	
第十四届	田径 游泳 体操 跳水 举重 拳击 国际式摔跤 跆拳道 射击 赛艇 皮划艇 乒乓球 羽毛球 网球 武术套路 武术散打 足球 篮球	足球 篮球
第十五届	田径 游泳（游泳、跳水）体操 举重 拳击 国际式摔跤 跆拳道 射击 赛艇 皮划艇 乒乓球 羽毛球 网球 武术（套路、散打）足球 篮球 攀岩 五人制足球 三人制篮球 击剑 跳绳 踢毽 定向越野 快乐体操 拔河 划船	攀岩 五人制足球 三人制篮球 击剑 跳绳 踢毽 定向越野 快乐体操 拔河 划船
第十六届	田径 游泳（游泳、跳水）体操 举重 拳击 国际式摔跤 跆拳道 射击 赛艇 皮划艇 乒乓球 羽毛球 网球 武术（套路、散打）足球 篮球 攀岩 五人制足球 三人制篮球 击剑 跳绳 排球 高尔夫 体育舞蹈 轮滑 啦啦操 航模（空模、海模）气排球 桌式足球 跳台滑雪	排球 高尔夫 体育舞蹈 轮滑 啦啦操 航模（空模、海模）气排球 桌式足球 跳台滑雪

数据来源：江西省体育局 tyj.jiangxi.gov.cn。

如表3所示，自第十三届省运会开始，青少年部的比赛项目呈现出一定的连续性。其中，田径、游泳、体操、跳水、羽毛球、举重、拳击、乒乓球、国际式摔跤、网球、射击、赛艇、皮划艇、跆拳道、武术套路和武术散打等16个项目是近四届省运会中的共同项目。在第十四届省运会上，柔道项目被取消，取而代之的是足球和篮球两个新项目。从第十五届省运会开始，青少年部新增了青少年组、俱乐部组和跨界跨项组。同时，武术套路和武术散打被合并为一个新项目，新增了攀岩、五人制足球、三人制篮球、击剑、跳绳、踢毽、定向越野、快乐体操、拔河和划船等10个新项目。在第十六届省运会上，又新增了排球、高尔夫、体育舞蹈、啦啦操、轮滑、气排球、航模（包括空模和海模）、桌式足球和跳台滑雪等9个新项目。

（3）体育系统主办的青少年体育赛事

为了进一步提高青少年的身体健康并培育竞技体育的未来人才，江西省体育局组织了一系列的青少年体育比赛，这些比赛主要包括青少年单项锦标赛、百县青少年赛事以及单项冠军赛等形式。其中，以"少年强则中国强"为宗旨的江西省青少年十运会是一项重要的大型体育赛事。

2022年，江西省青少年体育竞赛计划里，青少年锦标赛项目涵盖了田径、体操、游泳、排球、足球、举重、跆拳道、拳击、摔跤、赛艇、皮划艇、射击（包括步手枪和激光枪）、射击（飞碟）、射箭、羽毛球、乒乓球、网球、武术套路、武术散打、篮球、（U18、U15）三人制篮球、攀岩、跳水、跨界跨项、击剑、跳绳、体育舞蹈、啦啦操、街舞、高尔夫球、围棋、象棋、国际象棋、航空航天模型、无人机、航海建筑模型、车辆模型、电子制作、无线电测向、定向、健身健美、中学生田径锦标赛（高中组）、中学生十一人制足球锦标赛（高中组）、中学生篮球锦标赛（高中组）以及中学生排球锦标赛（高中组）等多个项目，学校运动会包含田径运动会和篮球比赛两种类型。百县青少年比赛项目涵盖了田径、五人制足球、三人制篮球、快乐体操、乒乓球以及八人制足球精英挑战赛等，学校组织的比赛主要是以初中和小学为单位举行。单项冠军赛覆盖了多个项目，包括田径、游泳、羽毛球、跳水、射击、乒乓球、体操、网球、武术散打、武术套路、举重、拳击、跆拳道、国际式摔跤、赛艇、皮划艇、射箭和高尔夫球等。

（4）教育系统主办的大中小学阳光体育竞赛

为了推动江西省学校体育事业的快速发展，激发学生对体育活动的兴趣和技能，以及帮助他们在体育锻炼中实现"享受乐趣、增强体质、健全人格、锤炼意志"的"四位一体"目标，省教育厅和省体育局联合举办了一系列阳光体育竞赛活动。这些活动主要包括单项锦标赛和大学生运动会，旨在为我国培养全面发展的社会主义建设者和接班人。本书对江西省直各地区承办的大型赛事进行分析研究，以期发现其中存在的问题并提出相应对策，从而更好地推动江西省青少年体育事业健康持续稳定地发展。

以 2022 年为背景，在江西省举行的第十六届运动会（学校部）以及 2022 年江西省各级学校的阳光体育竞赛活动中，中小学组分别设置了校园足球、排球、篮球、广播体操、排舞、啦啦操和跳绳这 7 个主要项目，高等教育机构设置了包括田径、足球、篮球、气排球、排球、羽毛球、网球、乒乓球、体育舞蹈、游泳、排舞、啦啦操、健美操、武术、跆拳道、定向越野、舞龙舞狮、跳绳在内的 18 个主要项目，中学组则分别设立小学组和初中组。教育团队设置了乒乓球、羽毛球、排舞、网球、游泳和气排球这 6 个主要项目。除此之外，还特别为中小学生开设了阳光体育竞赛（高中组），其中包括田径、校园足球（十一人制）、篮球和排球等主要项目。

（5）近五年青少年体育比赛项目设置情况分析

从表 4 我们可以观察到，江西省的青少年体育比赛项目中存在着竞赛次数的不均衡现象，这与该项目的特性、受到的重视程度和普及程度是紧密相关的。从整体上看，江西青少年体育运动发展水平还比较低。在众多的比赛项目中，田径、足球、篮球、排球、气排球、网球、排舞、跳绳、游泳、武术、体育舞蹈、广播体操、健美操、跆拳道、啦啦操、羽毛球、乒乓球、舞龙舞狮、定向越野、航模、健身气功、桥牌等都是这两种运动的共同项目。在过去的五年里，田径、乒乓球、武术（套路、散打）、足球、篮球、排球、跳绳、啦啦操等项目的竞赛次数都超过了 20 次。其中，足球的竞赛次数是最多的，五年内共进行了54 次。无论是在青少年体育竞赛计划还是在阳光体育竞赛计划中，足球的竞赛计划都是最多的。这表明足球在青少年群体中的普及程度相当广泛。

从以上研究可以看出，我国的青少年体育后备人才培养模式与发达国家相比有很大差距。在全运会和奥运会中，某些体育项目的计划次数较少，普及范围也不广，这导致它们的竞争力相对较弱。因此，我们需要紧密跟随国家体育发展战略，及时调整和完善竞赛项目的设置，以促进青少年体育后备人才的发现和培养，从而解决竞技体育后备人才不足的问题。

表4　江西省近五年青少年体育竞赛项目计划（2018～2022年）

项目	青少年体育竞赛计划次数	阳光体育竞赛计划次数	合计
田径	19	9	28
游泳	13	4	17
体操	9	-	9
跳水	7	-	7
幼儿基本体操	5	-	5
举重	7	-	7
摔跤	2	-	2
国际式摔跤	6	-	6
拳击	7	-	7
跆拳道	9	3	12
赛艇	7	-	7
皮划艇	7	-	7
射击	12	-	12

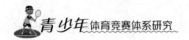

续表

项目	青少年体育竞赛计划次数	阳光体育竞赛计划次数	合计
射箭	3	-	3
乒乓球	14	11	25
羽毛球	14	4	18
武术（套路、散打）	22	6	28
网球	11	6	17
足球	35	19	54
篮球	29	13	42
攀岩	5	-	5
排球	14	12	26
气排球	7	8	15
跨界跨项	4	-	4
击剑	5	-	5
跳绳	13	10	23
体育舞蹈	6	5	11
啦啦操	11	9	20
街舞	3	-	3
高尔夫球	7		7
围棋	5	-	5
象棋	5	-	5
国际象棋	5	-	5
航空航天模型	6	1	7
无人机	1	-	1
航海建筑模型	6	1	7
车辆模型	5		5
电子制作	5		5

项目	青少年体育竞赛计划次数	阳光体育竞赛计划次数	合计
无线电测向	5	-	5
定向	5	-	5
健身健美	1	-	1
广播体操	1	1	2
舞龙舞狮	2	4	6
排舞	3	6	9
健美操	4	8	12
定向越野	3	3	6
无线电通信	3	-	3
健身气功	1	2	3
桥牌	1	2	3

数据来源：江西省体育局 tyj.jiangxi.gov.cn。

2. 江西省青少年体育竞赛体系现实困境分析

（1）赛事目标存在差异

从各个赛事的目标来看，无论是由教育系统主办的阳光体育竞赛还是由体育系统主办的青少年体育竞赛，它们的赛事目标都有一定的相似性，都是针对青少年，目的是促进青少年的体质增强、人格健全、意志锤炼和全面发展。但是，从各自的竞赛总规程来看，前者更多的是关注推动学校体育工作，促进学校体育的发展，丰富学生的业余生活，而后者更多的是关注竞技体育后备人才的发现和培养，通过竞赛将优秀的青少年体育竞技人才输送到更高的层次，完成竞技体育后备人才的培养任务。由于两个部门各自的目标和任务有所不同，导致它们在起点和终点上都有显著的不同，因此还没有达到真正的协同效应。

（2）竞赛资源存在不足

体育竞赛所需的资源是进行体育竞赛的关键。目前，完善青少年体育竞赛体系所面临的主要挑战是缺乏足够的竞赛资源，包括教师和教练的短缺、场地和设施的不足、器材的陈旧以及资金的不足等问题。这些因素都制约了江西中小学体育教育事业发展。

其一，我们面临的问题是教师和教练的短缺。在一些偏远地区的学校，体育教师的数量明显不足，仅有少数非体育专业背景的教师参与体育教学。受到传统思维模式的制约，体育教师的专业素质相对较低，组织结构不完善，且培训和进修的机会也相对有限，这些问题都严重妨碍了体育教师队伍的建设，导致教师和教练的短缺。此外，在经费方面也出现了一些问题，由于缺少相应的政策支持，导致很多地区没有充足的资金来购买体育比赛设备和器材。

其二，场地设施的不足也是一个问题。根据江西省人民政府发布的《2021年江西省体育场地统计调查主要数据》，截至2021年年底，该省的体育场地总数达到了17.03万个，总体育场地面积为10739.04万平方米，建筑面积为834.78万平方米，人均体育场地面积为2.38平方米。与国家体育总局公布的全国人均体育场地面积2.41平方米相比，仍存在一定的差距。因此，江西省需要进一步增加体育场地的投资，以建设更多的体育设施。

其三，管理体制不健全。目前江西省中小学普遍实行校长负责制和教代会制度，但在实际管理过程中，由于受传统思想的影响以及相关法律体系的缺失，致使学校体育管理工作存在诸多问题，最终面临的问题是资金短缺。从现实情况来看，目前我国高校体育比赛中，大部分还是采用传统方式进行举办和管理，这种模式不仅不利于提高学生身体素质，也不利于培养优秀运动员，因此必须改变这一现状。

近几年，由于参赛人数的持续增长和竞赛规模的不断扩大，学校体育竞赛面临着日益增加的财政压力。市场化程度相对较低，社会资金注入困难，这也是导致学校体育竞赛数量减少和发展缓慢的主要原因之一。此外，部分学校由于资金短缺，体育场地已经出现老化和器材陈旧的问题，这些因素都无法满足日常体育教学的需求，使得体育竞赛的开展变得困难。

（3）竞赛制度不够健全

青少年体育竞赛制度是青少年体育竞赛稳定发展的重要保障，[1] 但体育竞赛的相关制度不够健全，阻碍了青少年体育竞赛体系的发展和完善。首先，在青少年体育竞赛体系中，两个主要战线在体育与教育融合的过程中容易产生管理制度的冲突和权责界定不明确的问题。例如，在年龄分组方面缺乏统一标准，阳光体育竞赛是根据学段来进行分类的，而青少年体育竞赛则是根据不同年龄段来进行分类的。这种制度安排使得青少年运动员不能根据自己的特点来制定相应的计划，无法形成系统完整的管理体系。其次，目前的竞赛评价体系存在不足，它过于关注青少年在体育竞技中的表现和排名，这不仅不能充分展现青少年运动员的潜在发展能力，还可能导致他们过分追求体育技能的提升，而忽略了文化课程的学习。这种偏重体育而忽视文化的恶性循环加剧了体育竞赛、训练和文化学习之间的矛盾，从而对青少年运动员的全面能力提升产生了负面影响。

另外，现行的竞赛评价机制过于简单，不利于激发青少年学生参与体育运动的兴趣。再者，两者在竞赛资格的限制上有明显的不同。江西省目前没有统一的运动项目运动队招生考试政策，只有根据各地区实际情况制定相应的选拔办法和程序。参与阳光体育竞赛的运动员必须持有其所在学校的正式学籍，并且需要在省级教育行政部门进行备案。这些运动员是大、中、小学的在校学生，复读学生是不允许报名参加比赛的，而且在江西省学校阳光体育的各个学

---

① 柳鸣毅、丁煌：《我国体教融合的顶层设计、政策指引与推进路径》，《上海体育学院学报》2020 年第 10 期。

段，参赛的届数不能超过规定的正常学制年限。

此外，各级各类学校应建立严格规范的管理制度，加强校园足球活动管理，确保学生每天一小时锻炼时间，鼓励学生积极组织校内外足球运动。所有参与青少年体育比赛的教练和运动员都必须在《江西省青少年体育大数据管理系统》中进行注册。未经注册的教练不能担任教练职务，而运动员则必须与已注册的教练绑定，才能成功完成注册并报名。

最终，不同年龄组和竞赛项目的设置之间存在一定的差异。在年龄分类上，阳光体育竞赛更倾向于根据不同的学段进行分类，以满足学校体育的发展需求。青少年体育比赛是根据不同年龄段来组织的，每个年龄段的项目都有其独特之处，以满足全运会和其他更高级别比赛的需求。在组织形式上，两者都采用了赛会制。

在竞赛项目的设计方面，前者主要集中在篮球、足球、排球等普遍进行的体育活动上，而后者则以全运会的比赛项目为核心。在具体执行方面，由于各地经济水平不一样，导致各个地区之间存在着一定程度的差异。总体来看，青少年体育竞赛体系的两个战线各有其独特的资格要求、年龄分组和竞赛项目设置，目前还没有形成一个将这两个方面结合在一起的分学段、跨区域的四级青少年体育赛事体系。因此，我们仍然需要按照"一体化设计，一体化推进"的原则来推动资格限制、年龄分组和竞赛项目的统一设置，以建立一个一体化、体教融合的青少年体育竞赛体系。

第四章　青少年体育赛事体系的现实困境

第一节　青少年体育赛事尚待统筹规划

（一）目标定位不清

从赛事目标的角度来看，由教育系统主办的阳光体育竞赛和由体育系统主办的青少年体育竞赛在赛事目标上有一定的相似性，都是为了促进青少年的全面发展。但是，从各自的竞赛总规程可以看出，前者更多的是关注推动学校体育工作，促进学校体育的发展，丰富学生的业余生活，而后者更多的是关注竞技体育后备人才的发现和培养，通过竞赛将优秀的青少年体育竞技人才输送到上一层级，完成竞技体育后备人才的培养任务。在具体运作过程中，两个组织分别采用了政府主导型模式与社会主导型模式来实施自身的职能。由于两个部门各自的目标和任务有所不同，导致它们在起点和终点上都有显著的不同，因此还没有达到真正的协同效应。

青少年体育竞赛体系的目标设定不仅是该体系发展的核心依据，也构成了进一步优化和完善该竞赛体系的基础准则。因此，对我国现行青少年体育竞赛体系进行系统研究具有重要的意义。现阶段，我国的青少年体育竞赛结构主要分为两大部分：一个是由体育部门负责的全国青少年体育竞赛体系，另一个是由教育部门负责的全国学生体育竞赛体系。前者以竞技为目的，后者则以培养后备人才为主，二者在培养目标、任务要求、项目选择上各有侧重，并形成了相对独立又相互关联的系统格局。无法忽视的是，这两种赛制在目标设定上有许多相似之处，它们都致力于为全国的青少年提供体育服务。

在国家层面上，两者都将"健康第一"作为指导思想，注重培养青少年良好的运动习惯，促进其身心健康成长。然而，这些差异也是非常明显的。各个级别和部门的体育组织都有自己的竞赛体系，导致目标设定的冲突和政策执行的障碍，影响了青少年积极参与体育和竞赛的热情，甚至妨碍了学校体育竞赛的发展和推广，以及相关政策的有效实施。

在新时代背景下，随着国家对青少年体育事业的重视程度不断提高，青少年参与体育运动越来越多，这对于促进青少年健康成长起到了积极作用。例如，最近几年，我国的校园足球得到了广泛的推广和发展。

截至 2020 年，我国的足球学校数量已经增长到 3 万所，而校园足球的试点县（区）数量也增加到了 200 多个。[①] 按照《全国青少年校园足球活动实施方案》的相关规定，仅有不足 10% 的学校能够满足"学校必须在校内组织班级间、年级间的比赛"的标准。因此，大部分学校都没有开展校际篮球赛事。另外，校园篮球比赛的目标设定存在着不够明确的情况。

为了更好地落实这一政策，教育部提出"以赛促练、以赛带动学生终身锻炼意识的形成"的号召。考虑到赛事的目标设定，教育部更倾向于利用体育比赛来促进学校体育事业的进步，增强学校的社会影响，并为青少年学生提供更丰富的业余体育活动。

体育部门现在更加重视竞技体育的后备人才选拔，他们致力于通过体育比赛来选拔和培养更多的优秀学生运动员，筛选和输送具有培养潜力的学生体育

---

① 杨蒙蒙：《体教融合背景下学校体育竞赛体系价值、困境与完善路径》，《体育文化导刊》2021 年第 10 期。

新秀，以促进竞技体育后备人才的培养。高校则侧重于通过校园足球活动带动校园文化建设，提升大学生身体素质和综合素质。由于两个战线在赛事目标的定位上存在明显的不同，导致两个战线上进行的体育竞赛在资格、年龄标准和项目设计等多个方面并不匹配，从而限制了体育竞赛资源的有效整合，进一步影响了青少年竞赛体系中体育与教育的融合任务的实施。同时，我国目前还没有针对青少年体育领域的专门法规，也缺乏相应的制度保障和激励措施，使青少年竞赛无法与社会接轨。显然，由于竞赛目标的不同，可能会导致政策执行的滞后，严重妨碍了青少年体育竞赛政策的实施和有效执行。

（二）责权划分模糊

为了评估新时代体教融合战略的实施效果，我们可以从两个方面进行评估：首先，广大学生的体质健康状况是否得到了显著的提升；其次，竞技体育的后备人才质量是否有了明显的进步。这两个方面都是新时代我国教育和体育领域需要解决的核心问题。在推进新时代体教结合改革发展过程中，如何破解难题是亟待解决的重要问题之一。要解决这个难题，首先需要确保两大系统的目标是一致的，打破现有的制度障碍，否则就无法产生有效的协同效应，只能选择走新的道路和旧的方法。在此前提下，如何将两者进行有机整合，也成为推进新时代体教深度融合的关键之所在。

目前，在竞技体育后备人才培养的主体方面，体育和教育两大体系尚未形成明确的共识，责任和权力的划分也显得模糊。这主要是因为在《意见》中提出的 37 项体教融合深化措施里，并没有明确指出教育系统是培养竞技体育后备人才的核心系统。[①] 由于目标设定过于宽泛，导致教育体系在培养体育后备

---

① 罗恒：《体教融合背景下我国青少年体育赛事体系发展研究》，《体育研究与教育》2021 年第 5 期。

人才方面缺乏足够的积极性，并与体育体系的目标设定产生了偏差。目前，我国高校和地方政府均有对体教融合政策的支持，而在具体落实过程中存在着一定程度上的脱节，致使部分学校和部门未能形成合力，影响了改革进程。

校园足球，作为体育与教育融合的重要手段，经过多年的尝试和探索，已经初步构建了一个从小学到大学的完整校园竞赛体系。然而，这两大体系在赛事主办方面的衔接仍然存在一定的障碍，主要表现在赛事人才的流通不畅，导致大多数运动员难以融入职业队伍，资金不足使得两类赛事的水平存在较大的差距，以及培养主体的利益保障机制不完善，从而导致培养动力不足等问题。这些问题将严重妨碍体育与教育融合的深化，进一步导致两大体系在体育竞赛的项目设置、年龄要求、参赛资格等方面的不兼容，从而限制了体育竞赛资源的整合，也难以实现完善青少年体育竞赛体系的目标。

（三）赛事系统不健全

一个现代化的体育竞赛体系，其特点是各层之间的衔接有序、项目的布局合理、赛事的运营规范以及人才的输送流畅。这样的体系不仅是促进青少年体质健康和竞技体育后备人才健康持续发展的基础，也是体教融合中青少年体育竞赛体系需要进一步完善的方向。青少年体育赛事体系作为一个系统整体应具有整体性、开放性、动态性和可复制性特征。观察当前的青少年体育赛事体系，我们可以看到，我国的精英体育正在迅速发展。但是，面向大众的青少年体育竞赛仍然相对滞后。学校、社区和社团等组织尚未建立完整的竞赛层次、种类和年龄分组体系，这可能是导致青少年健康状况恶化和竞技体育人才储备减少的关键因素之一。

当前，我国青少年体育赛事体系存在着诸多问题。赛事体系的不完善主要表现在以下方面：

一是项目的布局不均匀，很难满足学生对竞赛多样性的需求。当前，全国各高校普遍开展了形式多样且内容丰富的体育赛事活动，如校园足球联赛、篮球赛会、大学生网球锦标赛等，但是这些赛事形式较为单一、缺乏创新，很难吸引更多学生参与体育锻炼。学校的体育竞赛体系发展相对滞后，主要集中在市场化程度较高的足球和篮球等项目，以及田径等传统项目，而其他类型的赛事则相对较少。这导致学校体育项目的布局不平衡和竞赛资源的单一性，难以满足大量学生的竞赛需求。据相关研究显示，在 14 年的体育必修课学习期间，超过九成的学生甚至没有参加过一次体育比赛，仅有 5% 的学生参加过学校运动会以外的正式比赛。

二是社区以及社团体育俱乐部的竞赛结构还没有形成。社区和社团体育俱乐部的训练和比赛可以作为学校体育赛事体系的有效补充，使学生在参与学校体育竞赛的同时，也能参与俱乐部体系组织的比赛，从而充分利用社会资源，极大地丰富体育赛事，为青少年学生提供大量的参赛机会。

三是目前还没有建立一个涵盖小学、初中、高中和大学各个学段，以及跨越县、市、省、国家各个区域的四级青少年体育竞赛体系，因此还不能有效地与职业联赛进行对接。

四是竞赛的管理体系存在缺陷。为了完善竞赛体系，竞赛管理机制显得尤为关键。目前，我国的青少年体育竞赛主要由教育和体育两大部门进行独立管理。在体育与教育的融合过程中，这两个部门可能会面临权责界定、管理制度之间的冲突以及政策执行的失位等问题。例如，教育部门主导的比赛主要集中在校园内普遍接受的项目上，而体育部门主导的比赛则以奥运会项目为主导。

1. 缺乏科学系统的赛事体系

在青少年体育赛事的组织结构中，小学、中学和大学这三个不同教育阶段的体育活动都由各自不同级别的教育机构负责管理，而这三个层次之间的体育赛事活动并没有形成一个系统化的联系。由于各地区教育水平参差不齐，各地中小学开展了大量有意义的比赛，为当地体育事业发展做出了重要贡献，但是

没有形成完整的高校体育赛事管理体系，无法实现真正的资源共享与优势互补。现阶段，学校体育赛事是由我国教育部直接管理的大学生和中学生体育协会负责。然而，这两个协会主要负责管理高级别的学校体育赛事，而对地方体育赛事则仅提供指导，并没有进行直接的管理。

在管理层面上，它们缺乏对各级体育赛事的系统性和有效性的统筹。这导致许多体育赛事的组织者受到管理权限的限制，只能各自为战，缺乏一个完整和系统的体育赛事管理体系。2016 年，中央颁布的《国务院办公厅关于强化学校体育促进学生身心健康全面发展的意见》中提出，学校体育要"注重教体结合，完善训练和竞赛体系"，这一政策的颁布对我国缺乏学校系统的学校赛事体系的问题提出了明确的要求与目标指引。可见，建设常态化、系统化的校园体育竞赛体系，广泛开展班级、年级、校级、校际等比赛，建立完善的体育赛事体系迫在眉睫。

2.青少年竞技体育人才输送渠道单一化

在竞技体育的"举国体制"和"奥运金牌计划"这两大背景之下，我国的竞技体育取得了令人瞩目的成绩。例如，在 1982 年的第九届亚运会上，我国夺得了金牌总数的首位；在 1984 年的洛杉矶奥运会上，我们赢得了第一枚奥运金牌，中国女排连续五次夺冠；而在 2008 年的北京奥运会上，我们实现了金牌总数的首次突破。这一系列优异成绩都离不开国家对运动员的重视与培养。在传统的"三级训练网"体系管理之下，竞技体育所取得的一系列成绩得以实现。这种管理体制使国家对竞技体育资源的投入达到最大化。因此，举国体制为我国的竞技体育进步做出了不可估量的贡献。

根据数据显示，2008 年北京奥运会的 100 枚奖牌得主以及 2010 年温哥华冬奥会的 11 枚奖牌得主，都是来自"三级训练网"下的各个级别的业余体育学校。[①]无疑，在计划经济体制下"集中力量办大事"的大背景之下，这种单一形式的竞技体育后备人才培养体系显示出了高效和高产性的特点。它既能满足我国竞技体育事业快速健康地持续发展对人才的需要，又有利于实现竞技体育的可持续发展。然而，随着社会进步和从计划经济向社会主义市场经济的转变，传统的竞技体育制度已经不能满足现代社会的需求。因此，后备人才的培养体系也不能满足竞技体育发展的新要求，竞技领域需要逐步向集约化、科技化和精英化的方向发展。

竞技体育后备人才培养的困境主要体现在以下方面：首先，在全面贯彻落实党中央深化党和国家机构改革的大背景下，多数市、县级的基层体育机构进行改革，以期优化职能配置，提高效率效能，但同时在一定程度上弱化了基层体育职能部门的功能，如部分市（县）级业余体校被并入全民健身中心，职能弱化甚至消亡，使得业余训练的快速萎缩。其次，随着我国社会经济水平与国民教育整体水平的提高，青少年参加体育运动的意愿受到多方面因素的影响。如社会及家长对业余体校人才培养模式的认可度大幅降低，体现在家长对其子女从事专业运动员的认可度不高，业余体校训练理念滞后、文化教育薄弱、上升渠道单一、淘汰率高等问题日益突出。这一系列的问题使得业余体校的招生困难，区县、市级体校更是面临严重的生存危机，也使得竞技体育后备人才的输送主渠道逐渐变窄。

根据数据显示，从 1990 年的 3687 所青少年业余体校到 2011 年的 1724 所，再到 1673 所，我国的青少年业余体校的规模正在逐渐缩小，导致许多竞技项目面临着人才储备不足的问题，这已经成为我国竞技体育现代化进程中的一个主要障碍。①

姚明，中国篮协的主席，明确表示："在 CBA 联赛的 20 个队伍和 350 名球员中，仅有 6% 的球员来自非职业球队。因此，扩大男篮的青训渠道变得迫

---

① 罗恒：《体教融合背景下我国青少年体育赛事体系发展研究》，《体育研究与教育》2021 年第 5 期。

在眉睫。"我国篮球运动水平与世界强队相比仍有较大差距，尤其是青少年篮球人才匮乏已成为制约我国篮球运动发展的重要因素之一。辽宁、浙江、安徽等多个省份都正面临着如何培养竞技体育后备人才的生源难题。浙江省女子全能比赛中存在明显的断层问题，目前参与训练的运动员数量不足 100 名；江西省和河南省的体育学校正面对生存的威胁。这不仅是对我省体育事业发展提出了严峻挑战，而且也给我省竞技体育后备人才队伍建设带来巨大压力和动力。鉴于此，我国的竞技体育后备人才的持续发展变得尤为紧迫。基于广泛的青少年体育竞赛，我们应该积极推动学校运动队、业余体育学校和社会青少年体育俱乐部等多种途径的人才培训，从而构建一个多样化和系统化的新型竞技体育后备人才培养模式。

第二节　青少年体育赛事组织机构多元共治不协调

一、多元协同治理共识尚未达成

体育多元治理主体由政府、体育社会组织和公众等多个主体组成[1][2]，通过协同治理形式进行治理。目前，我国的教育和体育两个主要部门各自独立行动，导致青少年体育竞赛资源的整合不足和治理机制的缺失，从而使我国青少年体育竞赛的建设缺乏规范的制度，而竞赛的监管和保障制度也仅仅停留在形

---

[1]　水杉斌、姚远：《教体融合视阈下青少年体育竞赛多元共治实现路径探究》，《辽宁体育科》2021 年第 5 期。

[2]　杨桦：《深化体育改革推进体育治理体系和治理能力现代化》，《北京体育大学学报》2015 年第 1 期。

式上。管理体制上的问题是，这两个主要系统仅仅依据各自的准则来管理他们自己主导的体育赛事，却未能妥善处理两个部门在青少年体育赛事方面各自的责任和义务。因此，出现了很多问题。举例来说，教育部剥夺了学生参与由体育部门组织的比赛的资格，但体育部门并不认可那些在教育部门获得运动表现的运动员的资格，[①] 忽略了体育比赛所承载的核心价值。不管是在教育领域还是在体育领域，竞赛的管理实践都面临着过于行政的问题，与社会团体和大众的沟通不足，以及竞赛的组织和发展之间的配套不足等挑战。由于比赛内容与青少年的预期和实际需求不匹配，导致青少年的参与热情降低。

二、多元共治格局尚未完全形成

在政府、社会体育组织和公民等多种治理实体的共同参与下，通过广泛的社会参与模式，达到了青少年体育赛事多元化共治的目标。目前，由于教育和体育部门各自独立行动，社会对青少年体育竞赛的广泛参与并没有一个统一的制度框架，导致政策和法规结构不均衡，以及政府在购买社会体育公共服务方面的政策不一致。由于公众意见的不足和社会各界在竞争事务管理中的模糊政策规定，很难构建一个多元化的共同治理模式。

三、多元共治权责尚不明确

对于青少年体育赛事管理，必须建立在科学的管理流程和民主的管理成果之上，从而全方位地提升管理的效果。首先，教育和体育部门的职责定位存在

---

① 惠陈隆：《我国青少年体育竞赛资源整合的现状分析与对策研究》，《北京体育大学学报》2014 年第 7 期。

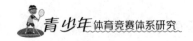

缺陷。长期以来，我国青少年赛事的管理主要由教育部门承担。目前，在我国存在由国家体育总局和教育部共同主导的两个主要的青少年竞赛组织架构（见图1）。在这两个机构中都设置了专门负责青少年竞赛管理、监督与评估的职能部门，但缺乏有效协调和衔接，导致各相关部门间职责不清。其次，由于忽视了科学制度的建设，以及主体责任和利益体系参与的不足，导致青少年体育竞赛的治理机制存在明显的缺陷，从而使青少年体育竞赛失去了其原有的活力。

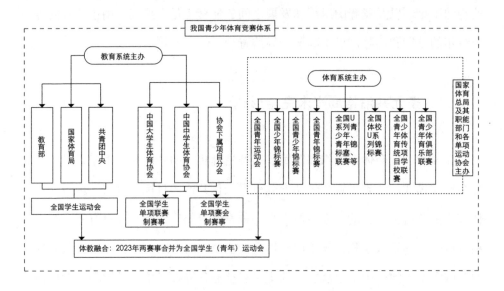

图 1　我国青少年体育赛事体系结构图

现阶段，我国的青少年体育赛事管理还没有一个完善和详尽的规章制度，这导致学生体育社团的组织结构不够完善和管理机构过于简单的问题。现行体制下青少年赛事管理模式主要是学校与地方政府合作举办或由企业赞助主办，并在此基础上建立起一个以"校为主"的管理体系。这样的管理模式引发了一系列实际问题，包括管理混乱、工作任务繁重以及分工不明确等。由于我国社会经济发展水平较低、体育场地和设施不足等原因，使得我国青少年体育赛事在开展过程中出现很多困难。

目前，青少年体育赛事的发展主要依赖于行政指令、资金分配以及家庭的自费支持。这就需要政府加大对青少年体育赛事的资金投入和政策扶持，以建立科学完善的管理体系，促进青少年赛事健康有序地进行。现阶段，我国的青少年体育赛事发展得到了教育管理部门的大力支持。在政府主导下，各地开展青少年体育竞赛活动取得一定成绩，但是也存在许多问题，如赛事质量不高、资金投入有限、场馆设施缺乏等。尽管北京、上海、浙江等经济繁荣的地区有能力吸引社会资本参与，但大多数省份在社会资本参与方面仍显不足，这对青少年体育的进一步发展产生了影响。

四、竞赛制度不够健全

青少年体育竞赛制度是青少年体育竞赛稳定发展的重要保障，但体育竞赛的相关制度不够健全，阻碍了青少年体育竞赛体系的发展和完善。[①] 其一，青少年体育竞赛体系的两条战线在体教融合过程中容易出现管理制度冲突、权责范围不清等问题。[②] 例如，在年龄分组方面并没有一个统一的标准，阳光体育竞赛是根据各个学段来进行分类的，而青少年体育竞赛则是根据不同年龄段来进行分类的。其二，目前的竞赛评价体系存在不足，它过于关注青少年在体育竞技中的表现和排名，这不仅不能充分展现青少年运动员的潜在发展能力，还可能导致他们过分追求体育竞技技能的提升，忽略了文化课程的重要性，从而陷入一个偏重体育而忽视文化的恶性循环。这进一步加剧了体育竞赛、训练和文化学习三者之间的冲突，对青少年运动员的全面能力提升产生了不利影响。

---

① 赵晓东：《基于补短板视角下学校体育赛事发展的现实审视与路径选择》，《体育文化导刊》2021 年第 8 期。

② 钟秉枢：《体教融合背景下青少年体育赛事体系完善的路径研究》，《体育学研究》2020 年第 期。

其三，两者在竞赛资格的限制上有明显的不同。由于不同地区学生来源地、生源类型等因素不同，所以各地开展阳光体育运动时可以根据自身实际情况来选择合适的方式。参与阳光体育竞赛的运动员必须持有其所在学校的正式学籍，并且需要在省级教育行政部门进行备案。这些运动员是大、中、小学的在校学生，复读学生是不允许报名参加比赛的，而且在江西省学校阳光体育的各个学段中，参赛的届数不能超过规定的正常学制年限。参与青少年体育竞赛的教练和运动员都必须在《江西省青少年体育大数据管理系统》里进行注册。

此外，还需对不同年龄段运动员的运动等级及成绩要求做出相应调整。最终，不同年龄组和竞赛项目的设置之间存在一定的差异。

在年龄分类上，阳光体育竞赛更倾向于根据不同的学段进行分类，以满足学校体育的发展需求。青少年体育比赛是根据不同年龄段来组织的，每个年龄段的项目都有其独特之处，以满足全运会和其他更高级别比赛的需求。在竞赛项目的设计上，前者主要集中在篮球、足球、排球等普遍体育活动上，而后者则以全运会的比赛项目为核心。在运动员培养方面，我国目前仍采用国家选拔制，但随着社会经济与体育事业的快速发展，这种单一模式已经不能满足未来竞技体育人才成长的需求。

总体来看，青少年体育竞赛的两个方面都有其独特的资格要求、年龄分组和比赛项目，目前还没有建立起一个完整的四级青少年体育比赛体系。这种不一致不仅导致我国各级各类赛事在数量与规模方面存在巨大差距，而且影响到青少年体育后备人才培养的质量。因此，迫切需要按照"一体化设计，一体化推进"的原则来推进资格、年龄和竞赛项目的统一设置，从而构建一个融合体育与教育的青少年体育竞赛体系。

五、竞赛治理体系结构尚待优化

一个科学的政府组织结构是实现高效治理的基础。我国现行体制中存在着一些不利于发展体育社会组织的因素。由政府机构实施的家长式管理方式削弱了体育社会组织的活跃性。其一，政府机构对青少年体育的管理方式存在缺陷。在教育、体育和政府单位的主导管理下，各种级别和类型的青少年以及学校都参与了竞赛活动。由于缺乏必要的监督约束机制和激励机制，导致社会组织的赛事管理能力薄弱。行政部门的家长式管理方式则削弱了社会组织在青少年体育竞赛中的参与热情，导致社会经济的活力无法真正融入青少年体育成长中，进一步限制了竞技体育人才的发掘和社会体育组织在推动青少年体育进步的功能。由于缺乏有效的监督机制和管理方式，造成社会体育组织对自身定位模糊，没有明确的战略目标，不能很好地发挥其应有的价值。其二，基层的行政执行能力相对较弱。目前我国各地举办的青少年体育赛事大多是以政府部门为主体举办的单项或集体项目比赛。在青少年体育赛事的实际进展中，管理、决策和监督的权力呈现出一种从上到下的模式，导致在赛事的组织、监督和维护方面，青少年体育赛事往往只是走过场，难以确保赛事的持续健康发展。基层政府对青少年体育活动的投入不足，造成青少年体育事业发展缓慢。其三，因为缺少基层行政管理部门的竞赛管理服务体系，再加上决策和监督权力的随意性、竞赛管理的粗放性，很难引导青少年真正体验到参加体育比赛的乐趣，同时比赛时的安全问题也无法得到保障。[①]

此外，青少年体育比赛的界限变得不那么明确。中国的体育活动在很大程度上受到国家体制的制约。不论是大型的综合性运动会，还是由单项体育协会

---

① 水杉斌、姚远：《教体融合视阈下青少年体育竞赛多元共治实现路径探究》，《辽宁体育科》2021年第5期。

组织的锦标赛、冠军赛等国内年度体育赛事，在赛事的组织、实施、管理和运营方面，成人赛事与青少年赛事之间并没有明显的差异。竞赛的目的、过程和功能与体育赛事的本质不相符，呈现出异化现象，使得青少年体育竞赛难以作为促进青少年全面发展的重要平台。

第三节　青少年体育竞赛组织管理体系不健全

一、体育协会运作乏力，管理制度尚不健全

当前，学生体育协会的运营存在不足，其竞赛管理制度也有缺陷，这些都妨碍了学校体育赛事组织管理体系和谐、高效和全面地发展。为促进大学生体育运动水平提高和校园文明建设，加强高校体育赛事组织管理势在必行。在法律和法规的范围内，大学生和中学生体育协会应行政机关的委托，负责管理全国范围内的各种学生体育赛事。

在我国高校中，由于大学生人数众多，学生体育协会数量庞大，因此对其进行有效的组织管理成为亟待解决的问题。一方面，学生体育协会目前的组织结构相对简单，并且高度依赖行政指令。此外，由于经费来源单一，"自筹"是解决这一问题最直接也是唯一有效的途径。仅仅依靠"自筹"资金是不足以确保协会所有赛事能够高效运作的。另一方面，学生体育协会是一种非营利机构，其运营主要由上级行政部门直接控制，缺乏自我约束机制，无法保证赛事正常运作。

由于体育协会的基本性质，学生体育协会在组织体育赛事时缺乏强制性，各级职能部门之间的联系不够紧密，也没有形成既耦合又相对独立的运行机制，导致学生体育协会在经营学校体育赛事时的业务自主权较弱，分工不清

晰。因此，学校体育改革过程中出现了许多问题，主要体现在以下几个方面：其一，赛事的发展、赛事规模的扩大和全国性赛事的开展缺乏足够的动力，以及在"制定赛事发展规划、审批体育赛事报名、协调校园赛事资源"等方面的职责出现了错位。其二，学校的竞赛管理结构还不够完善，如人才的选拔、评估标准、培训策略以及职责划分等相关制度都没有得到有效的实施。① 例如，在中基层赛事管理中，外部招聘和兼职的情况相当普遍。对于兼职员工，他们的工资是按照行政事业单位的工资标准来支付的，但目前还缺乏一个有效的人才引进和激励机制。在这种背景下，地方政府往往以各种名义出台一些优惠政策鼓励高校举办体育赛事。其三，由于体育和教育体系存在"双轨运行"的现象，所制定的政策往往是相互独立的，有时甚至会产生冲突。在赛事进行时，由于沟通不足，很容易产生"多种政策"和"交叉管理"的情况。

二、赛事组织协调不力

在我国，学校体育竞赛的组织和管理体制是由政府主导和社会体育组织协助的"组合式"管理模式，采用"分级竞赛、分级管理"的综合组织管理方式。该模式具有较强的科学性和可操作性，但也存在一些问题。赛事管理的工作流程包括多个职能部门和多个环节。各个部门不仅需要明确各自的职责和分工，还需要在组织活动的过程中实现有效的协调和配合。随着赛事规模不断扩大，各类赛事之间相互渗透融合，使得赛事组织管理工作面临着新的挑战。

当前，学校体育赛事的组织和管理存在一些明显的不足，如管理职责模糊和组织流程不流畅，这些都难以满足构建具有中国特色的现代竞赛体系的需

---

① 赵晓东：《基于补短板视角下学校体育赛事发展的现实审视与路径选择》，《体育文化导刊》2021 年第 8 期。

求。我国教育行政部门对高校开展体育赛事具有重要的指导作用，但目前其作用发挥有限。一方面，社会体育组织和盈利型企业在组织比赛的过程中存在角色边缘化的"先天弱点"，而政府仍然是学校体育竞赛组织管理体系的主导力量。[①] 另一方面，政府部门也没有完全履行好其作为组织者和管理者的责任，对各类赛事的举办缺乏科学统筹和合理规划。

目前，由于赛事管理的责任和权力界定不清晰，导致监管的范围过于广泛、职责不明确、效率不高，从而无法有效地处理竞争相关的违法行为和纠纷。同时，高校参与举办各类赛事也存在缺乏积极性、主动性及创新性等问题。

另外，由各级教育机构管理的学生比赛与国家体育总局负责的高质量青少年比赛之间存在着"部门过多"和"管理上重复"等问题。由于缺乏相应的法律法规保障，各地都出现了不同程度的违规经营现象，甚至有部分地方已经开始对学校体育竞赛进行取缔或限制举办活动。另一方面，学校体育竞赛的组织审批流程繁多且复杂，所发布的竞赛指导和政策建议似乎"不太匹配"。

同时，由于我国目前没有专门针对中小学举办体育赛事的法规制度，因此，各地都是依据地方政府制定或认可的规章进行赛事管理。在赛事组织过程中，场地租赁、安全人员的调度、赛事费用的报销以及学校与企业的合作等方面存在协调困难。因此，在学校组织和实施体育赛事的过程中，常常出现赛事准备过于匆忙、日程过于繁重和后勤支持不足等问题。

三、竞赛项目结构失衡，纵向布局衔接不畅

现阶段，我国的学校体育赛事主要包括全国大学生运动会、中学生运动

---

① 钟秉枢：《体教融合背景下青少年体育赛事体系完善的路径研究》，《体育学研究》2020 年第 5 期。

会、全国学生单项联赛制和赛会制等多种形式。这些赛事形式多样、规模较大，对推动和繁荣体育事业发挥了积极作用。多样化、适应不同年龄段和具有针对性的体育竞赛不仅有助于丰富比赛内容，提升体育技巧，还能推广具有特色的体育项目，进一步促进学校体育赛事体系的连贯性和广泛的发展，以满足教育系统对竞技体育后备人才培养的需求。

随着国家对素质教育重视程度的不断提升和《全民健身计划纲要》的深入贯彻实施，学校体育赛事在增强国民体质、推动健康中国建设中发挥着越来越重要的作用。然而，我国的学校体育竞赛呈现出结构上的不均衡，尽管各级各类学校的竞赛项目众多，但主要集中在群众基础较强的项目，如田径、篮球、排球等，而其他具有潜力的项目，如击剑、手球、曲棍球、定向越野等，则相对分散和稀疏，限制了不同项目间的优势互补和协同发展。一方面，由于各学校自身条件和师资力量有限，各项目比赛组织形式单一且缺乏创新，不能适应新时期学生全面素质提升的需求。另一方面，小学、初中和大学的竞赛项目布局还没有完全对接，各个级别和类型的学校所设置的项目的匹配度不是很高。

另外，目前高校还没有建立较为完善的校际间人才培养衔接机制和资源共享平台。"小—中—大"整合的资源整合、系统连接、纵向连接的体系还未完全建立。同时，高校与中学、高中以及大学生之间的联系也不够紧密，不能实现对青少年运动员进行有效培养的目标。例如，当一些有体育特长的学生进入高等教育机构时，由于他们所在的上级学校不提供相关的竞赛项目，导致他们在这一特长项目上无法持续进步和发展，从而严重妨碍了该项目的持续发展和体育后备人才的顺畅流通及稳定性、连续性。

四、赛事开展数量不足，竞赛水平亟待提升

"严教、勤练、常赛"的核心理念是"教"，而"练"则是关键，其中

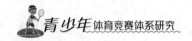

"赛"是最为核心的部分。学校体育教学中开展的各类比赛活动就是一种典型的课堂教学的实践形式和手段，也是促进学生学习能力提升、锻炼习惯养成、身心素质全面发展的有效途径之一。竞赛不仅是实现体育全面教育功能的关键途径，也构成了学校体育活动的中心内容。

在全面建成小康社会和实施健康中国战略背景下，我国学校体育赛事蓬勃发展，为促进学生体质增强、提升教育质量提供了有力支撑。尽管如此，由于学校体育赛事的数量和水平都不达标，这在线上造成了限制，妨碍了学校体育赛事高品质的进展，并导致学校体育赛事难以真正实现其"育心、体育、育人"的多重功能。

当前，我国中小学开展体育赛事活动还存在一些困难和挑战。一方面，学校当前正面临着体育赛事项目数量不足的挑战。另一方面，学校现有赛事活动也不能完全适应社会对优质体育运动人才的培养需要。

2019年，教育部学生体育协会成功举办了141场针对大学生和中学生的体育比赛，吸引了2304所大学和中学参与，总人数达到49486人，其中70%的比赛是大学生项目。在所有参与赛事项目中，高校竞技类运动项目是主体。与此相对照，当前的学校体育赛事数量还不能满足3亿青少年群体的标准比赛需求。

另外，学校体育活动受场地限制较大，无法满足广大师生在运动场地锻炼的需要。此外，目前我国的学校体育赛事与国际赛事之间存在明显的"偏离"现象。除了CUBA（中国大学生篮球联赛）和CUFA（全国青少年校园足球联赛）等几场大型赛事之外，其他如手球、网球和曲棍球等项目的比赛强度和质量还需要进一步优化和提升。这些问题导致青少年运动员在从学校级别比赛到国际比赛的过程中，很难适应对手的水平、比赛的强度等因素，导致真正由学校培养的精英运动员进入职业比赛的人数很少。

五、项目利益分配不均，赛事关联不立体

青少年体育竞赛的结构平衡和纵向布局受到竞赛项目发展的利益诉求和赛事层次衔接问题的削弱。随着经济的不断增长和体育市场化程度的提高，大众对体育赛事的需求也越来越多。其一，为了追求最大的盈利，如篮球、足球这样的具有良好群众基础和高市场价值的赛事，更容易得到赛事组织者和赞助者的喜爱。其二，一些竞技体育项目由于其自身属性，无法得到足够重视而成为赛事组织者关注的重点。由于利益的驱使，学校更偏向于创建由赞助商赞助的比赛制度。其三，由于社会资本参与程度低、政府对体育经费投入有限，导致中小学无法形成稳定且可持续发展的体育后备人才梯队。同时，我国的高等教育机构在其他具有发展潜力的体育赛事的组织方面仍然相对不足。因此，在我国竞技体育与群众体育并存的大背景下，我国高校应积极拓展潜在优势体育赛事。高等教育机构被视为中小学的先锋，它们在体育教育、运动培训和竞赛进展等领域都扮演着协调和推动中小学进步的关键角色。低估竞争的程度限制了挖掘潜在优势竞赛项目的超前发展。

中小学的体育比赛是由教育部门在各个层级进行管理的，而这些赛事之间并没有有效的协同工作。因此，必须构建以政府为主导、各部门共同参与的多层次多主体协同联动的大中小学生一体化赛事体系。现阶段，各种不同级别、规模、年龄和赞助商的学校体育赛事如雨后春笋般涌现，但这些赛事之间的同质性相当明显，尚未建立起一个统一标准、立体联系的，涵盖大、中、小学的综合赛事体系，以及各级之间的协同和层次化训练。此外，各地区在举办中小学体育赛事时也存在认识不到位、定位模糊、宣传力度不够等问题。这些问题使得赛事与各级学校的赛事在配套、连接和整合上缺少完整性、连贯性和领导性的布局，不利于赛事的持续和进一步发展。

六、体制不兼容，学训矛盾难纾解

学训矛盾是竞技体育人才培养中难以纾解的世界性难题，在我国应试教育的大背景下显得尤其突出，为解决这一问题，我国自体教结合阶段就开始探索各种人才培养模式，也取得了一些效果，如"清华模式""上海模式"等较成功的竞技体育后备人才培养案例，以及近300所高校所培养的上千支高水平运动队等，都是解决竞技体育后备人才学训矛盾的典范。然而，大多数的高校高水平运动队未能在学生阶段取得优异的训练与比赛成绩，远远达不到竞技体育后备人才的水平要求。截至目前，真正由国民教育系统培养出来的高水平运动员寥寥可数。究其深层原因，主要源自体制问题。我国一直以来采用三级训练举国体制来培养竞技体育人才，这种竞技体制与教育体制存在不兼容现象，学训矛盾难以有效解决，尤其是随着新时代社会主义市场经济改革的深化，家长和青少年的选择越趋于理性化，当学习与训练成为不可调和的矛盾时，学生放弃训练选择学习的概率会高得多。长此以往，竞技体育后备人才队伍必将萎缩，这也正是体教融合需要解决的棘手问题。

在现行的教育体制下，中考、高考的升学压力已给学生带来了极大的负担。据统计，有近三成的学生睡眠时间不足8小时，学业上的负担已十分严峻。同时，运动训练也需要大量的时间来保障运动水平的提升，二者在同一个时间维度里产生了冲突。两种体制的不兼容导致青少年体育赛事系统由教育和体育两个部门分别管理，赛事资源不易整合。鉴于此，学训矛盾化解、青少年体育赛事融合的关键点在于改革当前教育体制和竞技体育体制，从国民教育系统中培养出全面发展的优秀竞技体育人才是体教融合的应然之举。

七、人才流通渠道不畅

高中与高等教育机构之间在竞技体育人才培养方面存在不小的障碍。以足球运动为背景，从学校内部的人才流动趋势来看，目前高等教育机构在选拔高中足球人才时，主要是通过全国范围的比赛来寻找表现出色的校园足球选手。同时，也可以将高校与职业俱乐部进行合作，让更多有发展潜力的学生进入职业队训练，实现高校足球人才培养模式向"职业性"转变。

第一，有必要构建一个从高中至大学的选拔流程，以确保高中各个阶段的足球人才能够流畅流动，这对于培养足球专业学生和提升校园足球比赛的观赏价值具有至关重要的意义。

第二，教练员水平较低，不能满足球队需求。当前，我国的校园足球人才选拔问题主要集中在以下几个方面：其一，目前的选拔方法主要是基于比赛的实际表现，对于球员的认识和评估还不够深入。其二，由于受应试教育的影响，很多教师只重视技术教学而忽略了训练效果，从而造成优秀的队员无法进入国家队。其三，那些从未参与过高质量比赛的运动员很难被选中。其四，很多地方政府对于校园足球运动并不重视。

第三，高等教育机构中的运动员资源分配存在不平衡，绝大部分学校都高度关注核心运动员的培训，往往忽略了对普通运动员的关注。我国现行体育管理体制对足球后备人才培养产生不利影响。

另外，在校园足球的初、高中阶段，人才的流动也面临着一些阻碍。同时，由于部分体育院系开设了相关课程，导致很多体育教师无法兼顾不同层次的教学需求。一方面，某些城市的中学教育改革决定将高中和初中进行分离，导致部分高中需要采用特殊招生策略来录取足球专业的学生。另一方面，由于国家已经废除了特殊学生的加分政策，无疑增加了学校在招收足球特殊学生方面的复杂性。

（1）资格限制问题

从参赛运动员的资格限制可以看出，体育部门主办的全国青少年体育赛事以青少年运动员、体校学生、青少年体育俱乐部学生和青少年传统学校的学生为主。各省、自治区、直辖市和中央直属新疆生产建设兵团体育局统一报名青运会运动员，并代表各地区参加比赛。

参加体育部门主办的全国青少年体育赛事的运动员必须在体育系统注册。教育部门主办的全国学生运动会向普通学生开放，参加学生运动会的运动员必须是具有正式学籍的学校、普通中学、普通高中和普通高等学校的全日制在校学生。[①]

成人高等教育系列的学生以及正式加入运动队或职业俱乐部的运动员是不被允许报名参加比赛的。中学组和大学甲组的运动员参与了全国锦标赛、冠军赛、大奖赛、全国联赛、职业联赛、全国青少年锦标赛、全国青少年联赛、全国俱乐部青少年联赛以及全国青少年 U 系列年龄组联赛。须经体育行政部门批准方可报考上述各项赛事或接受相关培训。所有希望参与由教育部门组织的全国学生体育比赛的运动员，在正式报名之前，都必须通过学校的体育竞赛报名管理系统进行在线注册。

（2）年龄组设置问题

从参赛运动员的年龄分组来看，由体育部门组织的全国青少年体育赛事主要是 U 系列的年龄分组，而 U11 ～ U23 系列的赛事则稍有区别，以更好地满足国际比赛的需求。从项目划分来看，教育部主办的中小学校园足球锦标赛在所有赛事中最具有代表性。

全国学生体育赛事，由教育部主办，主要是满足学生在小学、初中、高中

① 杨蒙蒙：《体教融合背景下学校体育竞赛体系价值、困境与完善路径》，《体育文化导刊》2021 年第 10 期。

和大学等不同教育阶段的学习需求。体育院校举办的全国性大学生体育赛事主要集中在高校开展，目的在于培养高水平竞技人才，但也有一些其他方面的意义。考虑到赛事的目标定位、项目设计、资格要求和年龄分组等方面的差异，我国的青少年体育赛事体系呈现出两个主要方向：体育部门和教育部门。目前，还没有一个将体育和教育完美结合的青少年竞赛体系，这两个部门各自独立运作，其政策制定也是相互独立的，有时甚至会产生冲突。

2015年，《中国足球改革发展总体方案》强调职业联赛、区域性赛事、青少年赛事以及校园足球赛事之间的紧密结合，旨在构建一个科学合理的赛事体系。其中，"青少年体育赛事"被列为我国未来五年内重点推进的四大战略之一，成为新时期推动我国体育事业可持续发展的重要举措。

2016年发布的《青少年体育"十三五"规划》提出对青少年竞赛制度进行改革的建议，并对县、市、省、国家四个级别的竞赛制度进行完善，进一步强化青少年体育竞赛的体制。

2017年，教育部部长陈宝生代表国家青少年组织和校园足球工作管理团队，提出对校园足球竞赛体系进行进一步优化的建议，强调需要更紧密地整合青少年教练体系，并从比赛中筛选出表现出色的后备人才。这标志着我国青少年足球竞赛体系正在发生深刻变化。

2018年发布的《青少年体育促进计划》明确指出，各级教育和体育部门需要逐渐完善学生的体育竞赛制度。国家、省、市、县的学生体育竞赛制度也应确保学生运动员能够顺利进入各级职业运动队和代表队，并为体育人才和高水平运动员提供更多的准入机会，从而构建一个纵向和横向连接、规范和系统化的青少年体育竞赛体系。这意味着我国竞技体育将全面转向"体教融合"发展模式，为实现全民健身战略奠定了坚实基础。

2019年国务院办公厅印发的《体育强国建设纲要的通知》明确指出，我们需要推动体育竞赛制度的改革，建立一个与社会主义市场经济相适应、遵循

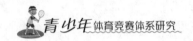

现代体育规则，并与国际标准接轨的体育竞赛体系，以形成一个合作共赢的金字塔型体育竞赛结构。[①] 通过流畅的评审流程和有组织的报名途径，我们可以推动青少年赛制与学校赛制的完美结合，消除部门间的界限和招生的限制，逐渐构建一个适用于全年龄段青少年、涵盖各种体育赛事的全国青少年 U 系列赛制。

第四节　青少年学校体育赛事体系亟需完善

一、学校体育得不到重视

我国青少年体育竞赛是指青少年开展和参加的体育活动。总人口涉及 3.6 亿人，大部分青少年处于国民教育系统，竞赛科目大部分来自各级中小学。由此可见，学校体育是青少年体育发展的核心空间。在国家积极倡导以促进青少年学生身心健康为根本出发点的背景下，广大青少年通过体育运动的分享，能够真正体验到体育运动对身体健康和人生幸福的基础作用。

鼓励全民参与健身活动，使体育成为青少年增强体质、锻炼意志、提升生活水平和促进全面成长的关键途径，也是素质教育的核心部分。学校是开展体育锻炼的主要场所，也是对中小学生进行终身体育教育和指导的最基本组织形式之一。

多年来，应试教育的趋势日益加剧，许多家长过分关注运动等级、高考加

---

① 钟秉枢：《体教融合背景下青少年体育赛事体系完善的路径研究》，《体育学研究》2020 年第 5 期。

分和体育特长这样的功利目标，却忽略了培养终身体育习惯的重要性。在此背景下，学校教育与家庭和社会脱节，造成青少年身体素质持续下滑。我国的青少年由于学业压力过大，体质持续下滑，学生的体重超出正常范围，近视问题仍然严重。此外，体育业余训练的学生来源、时间和资金都难以得到充分保障，中小学的业余培训体系也难以持续。

二、青少年体育竞赛与学校体育理念不符

体育教育旨在培育青少年具有积极向前、努力奋斗、自我超越和勇往直前的生活态度，并将"健身、竞技、休闲、娱乐"的核心理念整合到学校的体育教学活动中。学校体育不仅是学生强身健体和提高运动能力的重要场所，也是对他们进行思想政治教育的主渠道之一。

随着素质教育改革逐渐深化，对学校体育课程内容，特别是针对青少年体育比赛的内容进行改革已经成为迫在眉睫的任务。青少年体育赛事作为一种特殊类型的赛事，在促进学生身心全面发展方面有着不可替代的作用。我们的目标是将青少年体育赛事塑造为一个全民参与、展示、教育观念和文化传承相结合的综合性体育庆典。

通过对国内外优秀运动员在重大国际赛事中取得优异成绩的分析可以发现，我国青少年体育后备人才缺乏，主要原因在于没有形成良好的体质锻炼习惯和科学的运动训练方法。因此，从国家的组织结构、操作方式和培训哲学来看，我们应该摒弃过去仅仅依赖竞技分数来评价比赛表现的单调模式，转而采用体育教育的方式，以培养学生健康的身体素质。

在具体组织形式上，可以采用"快乐体育"模式，致力于培育青少年的健康意识，并努力提升他们的表现水平。同时，应该重视青少年的心理健康问题。青少年的综合素质意味着要培育他们的终身体育观念和习惯，并确保娱乐

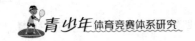
体育和日常生活体育在教材中得到体现。要让学生养成良好的体育锻炼行为，就必须建立起科学有效的竞赛机制。尽管多年来，国家、媒体和基层单位一直在推动小型和多样化赛事的发展，但大量的国家级青少年体育赛事仍然以项目锦标赛为主导。学校还会举办类似田径和球类比赛的竞技赛事，这些赛事的组织内容和评价标准并没有完全脱离竞技体育的范畴。

三、学校体育竞赛资源不足

体育竞赛所需的资源构成了学校体育比赛成功举行的基础保障，这主要涵盖场地（设施）资源、人员资源以及财务资源。我国学校体育发展中存在着对体育竞赛重视程度不够、场馆建设投入不足、缺乏资金扶持和激励机制不健全等诸多问题。

目前，学校体育竞赛体系完善面临的主要挑战是竞赛资源短缺，主要体现在场地和设施不足、体育教师（教练员）短缺以及经费支持不足等方面。其中，器材设备缺乏是制约高校体育发展的关键因素之一。一是体育相关的设备和设施不足。根据相关的研究报告，我国教育系统中学生平均使用面积为 1.46 平方米，与发达国家的室内 2.50～4.00 平方米和室外 8.00 平方米的标准相比，仍存在明显的差异。二是场地器材严重缺乏，特别是中小学体育活动用房严重不足。另外，中西部地区的体育设备仍然面临着种类单调、品质不高、功能受限等一系列问题，[①] 如果不能达到国家规定的体育场馆基本标准，学校体育比赛将无法有效地进行。三是体育教师或教练员的短缺。由于受传统观念的制约，体育教师在社会上的地位较低，存在结构性短缺和继续教育不足，这些问

---

① 国家体育总局体育经济司：《2021 年全国体育场地统计调查数据》，国家体育总局官网，（2022-04-29），[2023-03-11]. https://www.sport.gov.cn/jjs/n5043/c24251191/content.html。

题严重妨碍了体育教师团队的建设。

另外，受体育教师培训制度的制约，杰出的运动员在转型为教师时遭遇障碍，俱乐部的教练也不能进入学校，导致大量的体育人才被浪费或流失，从而对学校体育比赛的规模和成果产生了严重的负面影响。四是缺乏经费投入与政策支持。最终，资金的保障显得不够充足。

从目前情况看，我国政府在学校体育竞赛中主要是通过财政支持来完成的。在过去的几年中，国家逐渐增加了对学校体育比赛的财政支持，各级各类财政专项用于支持学校开展体育竞赛活动。然而，随着学校体育赛事的快速扩张和参与者数量的持续上升，财政部将会面对巨大的财务压力。

另外，我国体育教育发展不均衡等问题也严重阻碍了学校体育赛事在全国范围内的开展。此外，由于学校体育赛事的市场化水平较低、投资回报率缓慢以及服务准入门槛较高等因素，社会和市场面临着资金注入的困难。因此，我国政府必须通过各种措施来加强体育经费投入力度，提高财政支持水平，为高校开展体育运动提供有力保障。随着体育与教育的深度融合，构建一个健全的学校体育竞赛体系将成为未来的发展方向，而学校体育竞赛资源也将遭遇更为严格的考验，这需要我们采取适当的措施来应对。

四、竞赛管理机制相对落后

尽管管理机制为学校体育竞赛的持续稳定发展提供了制度支撑，但我国的学校体育竞赛相关制度显然存在滞后现象，这成为学校体育竞赛制度完善的障碍。在此背景下，本文以管理学中的组织结构理论为基础，对学校体育竞赛管理体制进行分析，并提出相应对策。

其一，管理体系中存在一些矛盾和冲突，管理体制不协调。从管理策略的角度来看，我国的学校体育竞赛依然遵循"分段管理、多元管理、渐进式改革"的传统管理方式。这种模式下,学校体育管理者与教练员之间缺乏沟通和协调。尽管我们可以充分利用我国的体制优势,但也带来组织操作的僵硬性、管理的低效率和资源整合的不足,这些都不利于学校体育比赛的有序进行。另外,由于青少年群体自身特点及发展规律,他们参与体育运动具有很大的盲目性。教育和体育两个部门都已经构建了各自的青少年体育竞赛体系。然而,在体育与教育融合过程中,可能会遇到权责不明确、政策执行不当、管理体制存在冲突等问题,这些问题可能导致无法建立一个完善的青少年体育竞赛体系。

其二,该保障系统的操作性表现不佳。保障措施不健全,使得学校体育竞赛难以得到有效地实施。为了促进学校体育竞赛的持续发展并完善青少年体育竞赛的整体体系,政府已经实施了一系列的政策和措施,这些措施已经取得了显著的成效。如《关于进一步加强中小学课外体育锻炼活动的意见》等文件,对推动我国学校体育竞赛事业起到了积极作用。然而,在实际执行过程中,我们可以明显观察到,相关的政策并没有一个完整的评估和监管机制,这对政策的实际执行产生了不利影响。

其三,制度建设不健全。例如,尽管各种政策都鼓励学校组织各种级别和类型的体育赛事,但在如何评定比赛效果和处理比赛中可能发生的事故方面,并没有明确的指导方针,这无疑给学校体育赛事的普及带来了巨大的挑战。

其四,由于国家体育经费投入不足、运动员参赛积极性不高以及场地器材设施短缺等原因,导致部分学校不能开展正常的体育竞技活动。最终,供应结构显得过于单调。我国现行的体育管理体制是一种"自上而下"的行政管理体系。虽然能够充分利用国家体制的优势,集中资源发展学校体育赛事,但这也可能导致过度依赖政府权力、抑制社会权力的增长等问题。在我国现阶段,由于受经济水平和教育程度的限制,学校体育的市场化改革还处于起步阶段。从长期角度看,从上到下的供应模式可能会阻碍学校体育竞赛市场的健康成长,最终可能会导致竞赛资源的单一性和有限性,从而影响学生的实际体验和参与度，使其难以达到预定的发展目标。

五、学生赛事系统尚不完善

体育比赛不仅是学校体育发展的主要平台，同时也是体教结合的关键途径。目前，我国已初步构建了由国家组织领导、社会广泛参与和个人自主选择参加的多元化的大众体育赛事体系。从宏观角度看，我国的精英体育发展相对领先，但面向大众的青少年体育比赛则显得稍显滞后，还没有建立起一个完善的青少年体育竞赛体系。这或许是导致青少年体育逐渐衰退的关键因素之一，例如青少年的身体健康状况持续恶化，而竞技体育的储备也在逐年减少。

目前制约我国高校校园体育赛事开展的因素很多，其中最为突出的就是竞赛制度与管理问题。其一，竞赛的项目配置存在不均衡性。目前国内还没有全国性的青少年体育竞赛组织机构，各地区之间缺乏协调机制，造成部分省（市）开展的赛事过于单一。在我国，学校体育竞赛的发展相对较晚，主要集中在市场化程度较高的体育项目（如篮球和足球）上，而其他体育项目的发展则显得相对滞后，无法满足人们对多样化运动的日益增长的需求，也不利于其他体育活动的广泛推广和普及。其二，赛事组织机构不够健全，管理体制尚未理顺。其三，目前的竞赛规则还不够健全。随着竞技水平的提高，对赛事组织形式及内容提出了更高要求，因此必须建立科学、合理、高效的比赛规则来保障竞赛活动顺利开展。学校体育竞赛的发展依赖于学校体育竞赛的规章制度，这也是构建完整学校体育竞赛体系的核心要素。因此，国家应加强对学校体育赛事的规范管理。然而，目前我国的学校体育比赛主要是由教育和体育两个部门单独负责管理，缺乏统一的竞赛规则制定和执行标准，这限制了学校体育赛事的进一步发展。其四，竞赛经费来源单一。举例来说，在竞技赛事的组织结构中，教育部门主要赞助的是学校普遍举办的赛事，而体育部门则主要赞助奥

运相关的赛事，并且体育部门会根据年龄进行分类。这种现状不利于学校体育事业健康持续地发展。最终，比赛的组织安排显得不太合适。

　　青少年是社会发展中最积极活跃的力量之一，也是国家未来建设的生力军。体育赛事不仅具备健身、教育、休闲和娱乐的多重功能，还能满足青少年在健康成长方面的多元化需求。因此，我国中小学普遍开展了丰富多彩的体育竞赛活动。遗憾的是，许多学校的体育比赛并没有根据青少年的成长和学校的教育模式来组织体育训练、制定比赛计划和执行体育比赛，导致体育的多重价值没有得到充分的体现，多种运动需求也未能得到满足。

六、青少年体育竞赛内容不能满足学生实际需求

　　青少年体育活动主要针对 11 ～ 15 岁的青少年群体。根据《"十四五"体育发展规划》的规定，青少年体育工作应涵盖竞技体育人才的培养、学校体育技能的普及，以及体育产业的合理发展等多个体育领域。其中，竞技体育是基础，学校体育和社会体育则是其重要内容。我们应当把"健康至上"作为核心理念，承担起培养学生终身参与体育活动的责任。因此，在国家层面上必须把青少年体育事业作为一项重要任务来抓。无疑，我国的青少年体育比赛不仅需要关注高水平奥运会的人才培养，同时也不能忽视提升全民的健康水平。因此，在开展各类青少年体育项目时都应以提高和促进青少年身心健康为目的。尽管如此，当前的青少年体育比赛还是倾向于"冠军主义"，主要集中在技术难度较高的项目上，特别是在青少年体育比赛中。由于各地区经济发展水平不均衡，导致各省市间青少年体育后备人才培养存在明显差距。省、市、区的运动会依然是高水平的体育活动，参与的运动员很少有机会体验，参与率也很低，因此比赛的难度很大。

七、校园体育文化建设滞后

目前，我国的许多学校在比赛过程中主要关注学生成绩，而体育文化尚未深入到学生的日常生活和内心世界，导致校园体育文化的建设相对滞后。学校要想提高自身的综合实力，就必须重视校园体育文化建设。如果没有体育文化的支持和体育精神的提升，学校的体育特色和氛围可能会变得昙花一现，永远不可能实现校园体育的传承和发展。因此，加强学校体育文化建设，营造良好的体育文化氛围，对促进校园文化的构建有着积极、重要的意义。

体育文化符号构成了校园体育文化建设的关键部分，具有特色的体育文化符号不仅可以代表学校的整体形象和风格，还能体现体育传统和青少年学生的个性特点。通过对不同群体、学校体育文化符号进行比较分析发现，各个民族之间的体育文化符号存在一定差异。各种不同的群体和学校所持有的体育文化标志能够有效地推广学校的影响力，它们不仅是塑造具有独特风格的校园体育文化的关键标识，更是校园体育文化的核心精神。因此，构建富有地方特色和时代气息的体育文化符号对于促进校园体育文化建设有着非常重要的意义。

当前，我国的学校环境中缺少明确和具有代表性的体育文化标志，也没有为教师和学生创造一个充满荣誉感、仪式感和集体感的体育文化环境。这正是我国学校体育所面临的问题，因此，需要更加重视校园体育文化氛围的建设。

第五节 青少年体育竞赛保障体系亟待提高

一、赛事资源供给不平衡

目前，我国青少年体育赛事所面临的核心问题并不是学生对参与体育活动不情愿，而是这些赛事在我国的供应短缺和分布不平衡。从目前国内高校体育专业培养方案来看，大多数大学生都无法满足学校对人才的需求，更不用说能够参与实际体育竞赛运动。

在中国的 14 年体育必修课中，高达 90% 的学生甚至从未参与过任何体育竞赛。从目前国内各高校举办的大型运动会来看，几乎每个学校每年都会举行一些规模不大但很成功的运动会。不只是在赛事的数量上，人力、资金和物资的供应方面也面临着相似的挑战。

从整体来看，目前我国青少年体育赛事还处于初级发展阶段，其规模远远低于发达国家水平。大多数参与比赛的团队都在不同程度上面临资金、场地以及专业指导人员的短缺。尽管大学得到了社会资源的支持，但中小学并没有受到太多的关注，许多学校只得依赖学生自己承担费用来参与比赛。

另外，由于受传统教育观念影响较大，部分高校对体育赛事的关注度不高。伴随着体育产业的快速崛起，商业化的体育氛围逐渐形成，这在一定程度上缓解了众多学校面临的资金压力。然而，在高度商业化的体育环境中，短期收益与学校的人才培养目标以及体育赛事的公益性质之间存在明显的矛盾，这便形成了一个不可忽视的挑战。同时，体育产业化也对高校教育提出了更高要求，这就意味着高校要承担更多的社会责任。因此，在寻找社会资源援助的过程中，应避免教育资源被过度商业化和消耗。

二、体育赛事市场发展滞后

竞争影响力不够，难以开展市场运作。86.3% 的管理人员反映企业赞助商对青少年体育赛事的投入意识淡薄。[①] 导致这一现象的关键因素，一是政府对企业创始人的期望过于乐观和仓促，缺乏一个长期合作的政策支持体系，这将在一定程度上提高企业的投资风险，从而影响到企业的投资回报率，使得企业无法得到有效的保障。二是我国目前的体育中介机构还不健全，体育中介机构的数量偏少，不能满足企业参与体育锻炼活动和赛事组织的需要。三是青少年的体育赛事并未与社区体育和大众体育融为一体，导致比赛在某些方面存在局限，其影响并不显著，因此难以吸引体育中介和媒体的目光。[②]

体育赛事市场化的进程是指，在特定的市场环境和理论指导下，体育赛事中的各种资源通过市场机制进行有效的开发和管理，从而实现经济效益。体育赛事作为一种特殊的商品，具有独特的经济属性与文化属性，同时还具备公益性的特征。因此，在开展体育赛事的市场拓展过程中，我们需要深入思考如何更好地面向市场，通过发掘其独特的亮点和资源，确保赛事的价值得到最大化地体现。在京津冀地区青少年体育赛事的演变中，首先，由于这些赛事主要是为了促进京津冀青少年之间的互动和交流，而主办这些赛事的通常是政府或协会等机构，因此，他们对赛事的市场拓展持有相对保守的观点，并没有给予足够的重视。其次，目前这场赛事仍然处在初级阶段，由于参赛者数量受限和赛事所需的人力资源不足，主办方很难集中精力进行深入的市场开发。最终，由于青少年赛事具有其独特的性质，它在赛事的影响力和观众数量等方面很难实

---

① 杨蒙蒙：《体教融合背景下学校体育竞赛体系价值、困境与完善路径》，《体育文化导刊》2021 年第 10 期。

② 杨桦：《深化体育改革推进体育治理体系和治理能力现代化》，《北京体育大学学报》2015 年第 1 期。

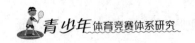

现持续的增长，这也限制了赛事市场拓展的途径和内容。

针对这些问题，应当通过完善赛事组织机构和制度建设、加大资金投入力度、加强对运动员的管理、建立科学的人才培养体系来解决上述问题。青少年体育赛事的市场推广有其独特的策略和方法，但并不意味着它们是自我封闭的。相反，它们应该主动地与市场进行对接，探寻市场的真正需求，并将其价值转化为经济回报。

三、竞赛资源供给不足

体育竞赛所需的各种资源是进行体育竞赛的关键。目前，完善青少年体育竞赛体系所面临的主要挑战是缺乏足够的竞赛资源，如教师和教练短缺、场地和设施不足、设备陈旧以及资金短缺等问题。在此背景下，本书以南昌市中小学为研究对象，采用文献资料法和问卷调查法等对南昌地区中小学校的体育竞赛资源配置现状进行了分析。首先，我们面临的问题是教师和教练的短缺。在一些偏远地区的学校，体育教师的数量明显不足，仅有少数非体育专业背景的教师参与体育教学。受到传统思维模式的制约，体育教师的专业素质相对较低，组织结构不完善，且培训和进修的机会也相对较少，这些问题都严重妨碍了体育教师队伍的建设，导致教师和教练的短缺。其次是器材陈旧落后，随着社会的发展和人们生活水平的提高，学生对运动项目有了新需求，而我国现有体育场馆无法满足广大师生的要求，导致场馆利用率偏低。接下来要提的是场地设施不足。根据江西省人民政府发布的《2021年江西省体育场地统计调查主要数据》，截至2021年年底，该省的体育场地总数达到了17.03万个，总体育场地面积为10739.04万平方米，而体育场地的建筑面积为834.78万平方米，平均每人拥有的体育场地面积为 2.38 平方米，[①]与国家体育总局发布的全国人均体育场地面积 2.41 平方米相比，差距不大。最终面临的问题是资金短缺。由于我国经济发展相对滞后，国家财力有限，在体育方面投入严重不足，这也就意味着需要扩大体育经费来源渠道，从多方面筹集资金以保证体育活动开展所需的物质条件。

最近几年，由于参赛者数量逐渐增长，比赛规模也在持续扩张，导致财务上的压力也随之上升，学校的体育比赛市场化程度相对较低，社会的资金注入变得困难，[②]体育竞赛在学校中的数量相对较少，其发展速度也相对较慢。此外，部分学校由于缺乏资金，导致其体育场地长时间未进行维护，设备老化，难以满足日常的体育教学要求，因此难以成功举办体育比赛。

当前，由于竞赛资源不足和训练教师队伍的素质有限，严重限制了学校体育赛事的数量增加和竞赛质量的提升。从资源供应的角度看，许多学校的比赛资金和设备并不能满足学校体育比赛的实际需求。以校园足球为例，虽然2015 年以来中央财政和各级教育部门不断加大校园足球专项资金的投入，但随着校园足球学校规模的不断扩大，校园足球训练活动的资金和场地在各地都有所增加，两者之间的差异仍然相当显著。大部分中小学没有配备专职体育教师。在这些学校，大约有 80% 的学校在校园足球特色方面的专项资金严重不足，而超过 90% 的学校仅拥有一块足球场，这些足球场主要是五人制和七人制的小型场地。体育场地设施配置不合理，只适合单方面的游戏活动。

另外，学校对运动队训练时间安排不合理。由于缺乏足够的竞赛资源支持，许多学校不得不依赖学生自己支付费用来组织比赛，而一些经济条件较差

---

① 江西省体育局：《2021 年江西省体育场地统计调查主要数据》，江西省人民政府网，（2022-6-16），[2023-3-12]，http://www.jiangxi.gov.cn/art/2022/6/16/art_5522_3997219.html。

② 赵晓东：《基于补短板视角下学校体育赛事发展的现实审视与路径选择》，《体育文化导刊》2021 年第 8 期。

的地区学校也不得不放弃举办比赛。由于缺乏科学系统的训练体系，大部分中小学没有专门培养优秀运动健将的师资队伍，致使许多中小学无法承担起对中小学生进行专项体能训练的任务。学校体育竞赛的强度和水平提升主要受到青少年运动员竞技能力不足的阻碍。

由于受经费限制，多数地方高校不具备专职或兼职从事运动技术教学的能力。现阶段，学校体育正面对缺乏高水平教练的挑战。学校雇佣了合格的体育教师作为参赛队伍的教练，这已经成为一种普遍现象。在这种背景下，我国学校体育运动项目的发展受到一定程度制约。另外，学校的竞赛训练团队还没有配备完备的专业运动设施，同时也缺乏医疗、康复、体能和科研等多个领域的专业人才，以便为训练和竞赛提供全面的服务和支持。训练在有效性、科学性和针对性方面明显不足，直接妨碍了后备体育人才的竞技能力提升，导致学校体育比赛的强度和水平都不尽如人意。

为了竞技体育和校园体育文化的持续发展，青少年体育竞赛已成为不可或缺的选择。当前我国青少年体育竞赛存在组织机构不完善、管理体制不顺等问题，影响了青少年体育运动的开展。我们需要加大对青少年体育比赛的管理力度，推动教育与体育的深度结合，进一步提高青少年的身体健康状况，确保他们在一个更为专业和系统的比赛环境中体验到体育的乐趣，并在参与体育活动时获得更多的成就感和满足感。青少年体育竞赛作为一种重要的体育运动形式，对提升我国青少年身体素质具有积极作用。随着全民健身逐渐成为社会的共同财富，青少年体育比赛的社会治理价值变得更为明显。通过对我国青少年体育竞赛现状进行研究，发现当前青少年体育竞赛存在一些问题。全方位地推动青少年体育治理体系与治理能力的现代化进程，并在体育治理现代化的大背景下，对青少年体育竞赛的发展进行深入分析。

当前我国青少年体育现状竞技体育发展滞后，后备人才匮乏。目前，我国体育事业面临着前所未有的机遇和挑战。我们应该从青少年体育的可持续发展角度出发，密切关注青少年体育的最新进展，并从体育的发展趋势和核心问题出发，以不断提升和最大化体育活动的公共利益。

四、青少年体育赛事文化建设缺失

青少年体育赛事具有其独特的性质，因此，为了吸引更多的青少年选手参与，必须建立一个适合广大青少年群体的赛事媒体宣传机制。近年来，河北省和北京市先后举办了一系列具有一定影响力的青少年体育活动，但与之相比，首都经济圈的青少年体育赛事报道存在着较大差异。作者利用网络和微信搜索工具对由首都经济圈体育局联合发布的"京津冀青少年篮球、排球比赛"的在线报道进行了统计，结果显示，这些媒体上的报道大多是文字描述，并且所转载的内容大多是同一篇文章。

此外，有一些图片和视频报道也比较丰富。根据"首届京津冀青少年网球123分级赛"的赛事宣传报道数据，我们可以观察到，与赛事相关的新闻报道主要在网络媒体上，而在平面媒体、网络直播和电视媒体渠道上的报道则相对较少。此外，"第一届京津冀青少年足球友谊赛"和"第二届京津冀青少年羽毛球比赛"的相关新闻报道也比较多，却未见有关于体育活动推广方面的报道。显然，目前京津冀地区的青少年体育比赛在推广策略上仍然显得较为薄弱。此外，由于各地方之间存在着不同程度的经济发展水平和教育背景差异，导致各个地区青少年体育活动的开展形式也不相同，这就造成目前京津冀青少年体育赛事在传播效果方面存在很大差距。在如今媒体宣传手段日益丰富的背景下，短视频和在线直播等多种方式已经成为我们日常生活的一部分，这些都是青少年非常喜欢的宣传手段。然而，在京津冀地区的青少年体育赛事中，这些方式并没有很好地将体育赛事与科技融合在一起。

为了塑造品牌赛事，赛事文化的建设成为不可或缺的途径。究其原因，在于缺乏对赛事文化内涵的理解，也就是对赛事的本质认识不足，忽略了赛事所蕴含的深刻文化内涵。研究揭示，在京津冀地区举办青少年体育赛事的过程中，一些具有赛事文化内涵的标志性元素，（如赛事口号、赛徽和吉祥物等，）并没有出现，更别提相关赛事产品的商业开发和特许产品的经营了。因此，加强青少年体育赛事文化建设具有重要意义。

一个品牌赛事的成功举办无疑需要深厚的文化底蕴。这样的赛事能够激发参赛者的斗志，鼓励更多的公众参与，从而增强赛事的社会影响力。然而，体育赛事文化的缺失可能会导致赛事在制度和精神文化上的不完整性，使赛事失去其深度和灵魂。其一，京津冀地区缺乏一个统一的领导协调机制，不利于京津冀青少年体育赛事文化的融合与推广。京津冀地区青少年体育赛事文化建设不足，主要源于赛事组织机构对赛事文化建设的忽视和落后的办赛理念，未能将其塑造为一项有品牌意义的赛事。其二，由于青少年体育赛事自身具有特殊性和复杂性，赛事文化建设缺乏相应的保障机制。其三，鉴于青少年体育赛事的公共利益性质，其市场化进程受到了限制，导致赛事的资金和人力资源都相对匮乏。

在短时间内，赛事文化建设很难取得预期的效果，因此赛事文化建设并未被视为一个核心任务来推进。最终，赛事文化的培养需要经过漫长的历史沉淀。京津冀地区的青少年体育赛事发展历史相对较短，很多赛事都是为了完成既定的工作目标而组织的。因此，京津冀青少年体育赛事文化的建设仍然需要各方的共同努力和配合，只有经过长时间的实践和考验，才能逐渐提升其水平和影响力。

第五章　青少年体育竞赛体系现代化的发展向度

中国特色社会主义现代化需要我们不断探索符合中国国情、适合中国特色的体教融合之路，而不能一味地照搬和简单模仿其他国家体育的人才培养模式。因此，我国青少年体育竞赛体系应在改革探索中走出自己的中国式现代化之路。

第一节　多元共治层面：青少年体育赛事组织机构协同互通

一、明晰竞赛核心价值体系和目标定位

中央全面深化改革委员会第十三次会议提出深化体教融合、完善青少年体育赛事体系的明确目标：帮助学生在体育锻炼中享受乐趣、增强体质、健全人格、锤炼意志，培养德智体美劳全面发展的社会主义建设者和接班人。《关于深化体教融合 促进青少年健康发展的意见》（简称《意见》）明确指出，体教融合的核心目标是培育具备德、智、体全面发展能力的社会主义接班人和建设者。体育竞赛是体教融合的关键部分，因此，其竞赛制度应以促进学生的健康成长为核心，全面考虑促进体质健康和体育竞技，从而提高体育健身和休闲娱乐的水平。新时代下我国体育竞赛制度改革要坚持"以人为本"理念，从实际出发，探索符合当代大学生特点的竞赛方式。

教育和体育两个部门都将最大限度地利用学校体育比赛的整体价值，推动学生的健康发展，并致力于培育身心均衡成长的优秀人才。首先，我们需要重新定义体育竞赛。一是明确体育竞赛定位。我们需要深入了解体育竞赛在青少年健康发展中的重要性和价值，摒弃"普通青少年重视文化而忽视体育，高水平运动员重视体育而轻视文化"的观点，体育竞赛的共同目标是促进青少年的健康成长。二是改革现行的竞赛模式。制定《全国中小学生体质健康测试工作方案》，明确各地区开展中小学课外体育运动项目设置的基本原则，形成合理有效的管理体制和运行机制。我国需要强化教育和体育两个部门之间的合作与协调。在运动员的资格认证、运动水平的认证以及竞赛的奖励政策等方面，需要建立一个统一且互相认可的竞赛标准。同时，也要增强教育和体育部门之间的合作与团结，实施各级的竞赛制度，消除学生竞赛之间的障碍，确保学生健康发展和体育人才培养能够协同进行，从而真正地完善青少年的体育竞赛体系。三是制定科学的管理方案。青少年体育竞赛是学校教育与社会实践相结合的重要平台，对于推动全民健身计划具有非常重要的意义。

为了实现体育与教育的融合发展，有必要构建一个统一的青少年体育竞赛目标框架，并统一各个部门在进行竞赛时的思维模式和活动模式，以充分发挥青少年体育竞赛的整体价值。此外，还需制定科学的考核指标，通过对各个阶段的比赛进行量化分析，使青少年体育竞赛更加符合社会需求。除此之外，该方案还具备对各个部门竞赛活动进行有效监督的能力，能够客观地评估青少年在体育竞赛中的表现，并确保体育竞赛相关政策得到有效执行。

"一体化设计，一体化推进"是《意见》提出的深化体教融合的基本原则，[①]建立一体化青少年体育赛事体系是深化体教融合的必然要求，统筹把握

---

① 钟秉枢：《体教融合背景下青少年体育赛事体系完善的路径研究》，《体育学研究》2020年第5期。

好学校体育发展与后备人才培养的相互关系，贯彻"教学是基础，竞赛是关键，育人是根本"的发展思路，[①] 以培育全方位发展的社会主义接班人为青少年体育活动的起点和根本要求，致力于推动比赛目标的整合，以促进青少年的身心健康成长。结合学校体育运动与高校体育项目特点，构建一套具有可操作性的教学方案，为国家培养优秀的运动员。

此外，通过体育与教育的结合，将竞技体育的后备人才培养整合到教育体系中，实施"教会、勤练、常赛"的原则，促进运动项目的普及，从而提高学生的身体健康水平。在此背景下，本章首先分析当前我国中小学体育教学中存在的问题，然后提出基于体育竞赛视角下推进学校体育运动教学改革的具体对策，希望能够为相关人员提供借鉴与参考。体育比赛的实施旨在对所有学生的动作技巧进行分类，并为他们提供有针对性的训练，从而构建一个从广泛到深入的金字塔式体系。[②] 此外，通过体育竞赛向青少年传递团结协作、公平竞争、永不放弃的体育精神，达到文明其精神、野蛮其体魄的育人目标。

二、打破体育系统与教育系统之间的壁垒

完善青少年体育竞赛体系是落实体教融合战略的重要一环，其目标集中体现在提高广大学生体质健康水平和竞技体育后备人才培养质量两个方面。第一，这一目标的实现需要教育和体育两大系统协同共促，打破壁垒，融合价值目标，明晰培养主体和责权划分，坚持立德树人和健康第一的教育理念，帮助青少年学生在体育锻炼或训练过程中提升运动能力、养成健康行为、增强体育

---

① 阳艺武：《体教融合背景下青少年体育后备人才培养的现实审视与战略取向》，《武汉体育学院学报》2021 年第 1 期。

② 尚力沛：《新时代体教融合的时代意涵、实践要求与推进策略》，《体育文化导刊》2020 年第 11 期。

品德。第二，打通体育竞赛政策融合的堵点，破除教育和体育系统赛事体制壁垒，改革体育竞赛管理体制，构建前沿、有序的竞赛体系。可通过大、中学生体育协会制定基层管理人才的选拔方案，完善学校体育竞赛体系管理人员的选拔、聘用、激励、考核及监督机制，确保各项工作有序开展。第三，厘清各类体育赛事负责人的职权，通过"跨层级、跨部门、跨领域"的三跨协同机制打破教育与体育部门体育赛事管理壁垒，做到各级管理部门职责清晰和赛事管理水平全方位提升。

三、完善竞赛管理制度

为了确保青少年体育赛事管理体系的前沿性和有序性发展，我们需要对竞赛管理体制进行改革，突破现有的竞赛政策和赌点，消除竞赛体制中的障碍，进一步完善其管理体系。根据《意见》的指引，我们需要进一步完善青少年体育赛事的相关政策，确保青少年体育赛事政策的评估、设计和执行之间有紧密的联系，并努力构建一个连贯、和谐且包容的政策框架，以促进青少年体育赛事项目的合作与协同发展。

通过组建学生联合会或成立校运会委员会等方式，实现与地方各级各类组织机构之间的联动协作。第一，我们需要制定大、中学生体育协会的基层管理人才选拔方案，确立一个灵活、标准且精确的薪资分配体系，适度提高兼职员工的薪资，并完善学校体育管理人员的选拔、使用和激励策略。通过合理设置职务等级结构，优化职称评聘条件，科学确定岗位职责与任职资格要求。第二，我们需要加强对岗位竞赛管理人员的专业技能培训，明确各级竞赛管理人员的晋升路径，并建立一个灵活的选拔、考核和监督机制，以确保所有工作能够顺利完成。第三，完善校内组织管理制度，建立健全校内外比赛网络管理系统，实现学生参赛过程中信息的共享与传递，为教师提供更多教学参考数据，促进师生之间交流沟通，增强校园凝聚力。最终，我们需要明确各级赛事领导的权利和责任，明确各级管理机构的角色和职责，全方位地提高学校体育赛事的管理质量，最大限度地减少青少年体育竞赛中可能出现的法律争议和制度上的缺陷。

四、创建多元主体联动互通的格局

随着我国体育管理体系的不断升级，构建一个教育体系、社会组织和青少年等多个主体能够相互协作和交流的新格局，已成为青少年竞赛发展的基本需求。本章从分析青少年体育竞赛管理的内涵入手，阐述构建多元化主体互动机制对提升我国青少年体育竞赛管理水平的重要意义，并提出相应对策和建议。

青少年体育竞赛的管理理念是基于社会发展的背景和教育体育的实际经验构建的。本书对我国当前青少年体育赛事管理模式进行探讨，并提出几点建议。首先，政府部门不仅是我国青少年体育赛事发展的核心力量，而且在赛事管理过程中起着不可或缺的作用。从当前我国青少年体育事业的现状来看，应充分发挥国家行政主管部门与学校之间以及地方各级政府部门与基层群众协会之间的合作关系。整合教育和体育两大领域的资源，基于双方的需求，深入思考对方的需求，并通过协商达到一致意见，致力于赛事的有效管理、加速业余训练的进度，为学生提供更优质的教育资源。

从当前情况来看，青少年体育组织的管理模式还存在很多问题，需要不断优化与创新，从而促进青少年体育活动的开展。接下来，我们需要正视社会体育组织的管理主体所扮演的角色。从长远来看，青少年体育赛事管理应该以政府为主导，同时也需要社会各方面积极配合，才能保证其健康有序地运行。单项体育协会在经历了"脱钩"之后，展现出明确的角色、显著的价值、完善的发展和显著的作用，这将使其在竞赛中起到更大的领导作用。

其次，要加强对青少年体育赛事的管理与服务。鉴于当前青少年体育赛事的管理方式相对宽松，我们可以根据地域特色和项目发展的独特性，鼓励体育领域各方的力量，借助非营利机构、社会志愿团体等公益组织的参与，组织和实施青少年体育赛事及比赛活动。再次，通过对青少年赛事进行有效管理，使之成为学校教育的有机组成部分，促进学生身心健康成长。

最终，我们应该适当地鼓励青少年积极地参与竞赛组织，以增强他们的学科认知。通过对青少年体育赛事的有效管控，不仅能促进青少年健康快乐成长，还有利于培养学生良好的体育精神和道德品质。毫不夸张地说，管理青少年体育赛事的目的在于确保青少年能够积极参与体育活动，从而在体育领域达到其身心的均衡成长。因此，我们要从制度层面对青少年体育赛事进行有效监管。青少年同样应当成为赛事管理成果的一部分，在这一过程中，他们的公民觉悟、对社会的责任感以及对终身体育的认识都将得到加强。

比如，2020年精英青少年篮球锦标赛"星火杯"，就是校园、体校、俱乐部三大青训力量的直接对抗。[1] 此次比赛是由中国篮球协会和中国中学生体育协会共同主办，清华大学附属中学负责承办。这场赛事是中国篮球协会在实体化之后举办的其中一个具有代表性的赛事。其中，清华中学的男篮在教育领域是一个非常有代表性的队伍，而广东宏远的青年队则是CBA联赛的冠军队伍。他们在比赛过程中屡创佳绩，受到广泛关注。星火杯青少年篮球赛的成功举办，标志着我国青少年体育赛事成功地建立了多个主体共同参与的治理模式，为国家培养和输送高水平的体育专才提供了一个有效的途径和平台。

---

① 杨国庆：《中国体教融合推进的现实困境与应对策略》，《成都体育学院学报》，2021年第1期。

五、更新治理模式，形成精准治理

在当前的管理体制中，我国的青少年体育比赛管理受到两个主要部门的限制，这使得其难以达到现代化的治理思维和管理体系的标准。当前，我国政府在社会组织中处于主导地位，但由于职能错位等原因，导致青少年体育社团无法有效地开展赛事活动，影响了国家体育事业发展目标的实现。因此，我国的青少年体育比赛的管理方式迫切需要进行改革。

本节从政府与社会两个维度出发，提出优化我国青少年体育竞赛管理体制的路径选择。第一，我们需要对政府的职责进行创新，并对青少年体育赛事进行精确的管理。当前青少年体育赛事存在政府主导与市场运作之间的矛盾，导致其不能有效地发挥应有功能。从精准治理的角度出发，我们必须对青少年竞赛的管理模式进行改革，将市场机制融入青少年公共体育服务中，充分利用市场在资源分配中的辅助角色，引导青少年体育的持续发展，并构建一个由多个主体共同推动、合作共建的模式。通过建立"政府—社会"互动合作机制，发挥学校作为青少年体育活动组织者与管理者的职能，实现青少年体育竞赛资源优化配置和整合利用，提高竞技运动水平，促进体育事业持续健康发展。第二，在青少年体育竞赛的组织和指导方面，应严格遵循体育竞赛训练规则和满足学生正常的文化学习需求，以实现精准的管理，并确保管理措施的有效性。第三，以"互联网＋"思维推动赛事信息化建设，实现信息共享，促进多方联动。为了确保青少年体育竞赛管理的高效性，教育和体育两大部门需要联合成立一个专门的机构来负责协调和管理青少年体育竞赛的相关工作。第四，通过建立"政府‐学校"双轨运行的管理体制，实现对青少年运动员的有效监管与合理使用。与此同时，在体育单项协会逐渐独立的时代背景下，借助体育社会组织的专业性、主导性、独立性和社会合法性，强化青少年竞赛机制的协调和均衡建设。第五，完善相关法律体系，构建科学有效的青少年体育赛事管理制

度。从国家的角度出发，研究并发布针对地方的策略文件，为地方的日常工作提供指导。

六、创建多元共治管理模式，建立多部门协同联动机制

为了进一步完善青少年体育竞赛的体制，我们必须坚持多主体共同参与的管理原则，鼓励教育和体育两个部门与其他政府、市场和社会机构合作，共同推动青少年体育竞赛的进步，并解决多学科和跨部门发展的挑战。构建"多体合一"青少年体育竞赛管理体制是解决这一难题的有效路径之一。

第一，我们需要构建一个多元化的主体管理体系。在管理体制上，应以政府为主导，充分发挥各类组织机构的作用，形成"政、产、学、研"一体化机制，推动我国青少年体育运动健康快速地向前发展。一方面，政府需要刷新其管理观念，适时地调整其职能，主动赋予权力和能力，加强政策导向，并激励市场、社会等多个主体参与青少年体育赛事的发展。加强监管力度，加大执法力度，维护公平竞争环境。从另一个角度看，我们需要明确各方的权利和职责，确保各方的利益得到保护，建立一致的管理准则，并对各方的行为进行监督，以维护各方的利益。同时还要建立健全相关法律法规体系，为赛事的开展提供强有力的法律支撑。

第二，增强体育机构的决策自由。政府应通过立法赋予体育组织自主举办体育赛事的权力。体育组织是学校体育竞赛的组织者，它们的自主权直接影响到学校体育竞赛的稳健进展。政府应当积极引导社会力量参与体育活动，发挥市场在资源配置中的决定性作用。我们需要强化基层体育组织的建设，推动体育组织向专业化方向发展，以提升体育人才的培养效果，使竞赛更加科学、持久和健康。

第三，建立多元主体协同治理模式，最终目标是构建一个跨多个部门的协

同合作机制。构建多元化的管理体制和运行机制，形成以政府为主导的多元主体共同参与的局面，发挥各方优势，优势互补，形成合力，从而达到优化资源配置、推动体育事业持续快速发展的目的。构建青少年体育竞赛的体系是一个涉及多个部门紧密合作和协同管理的复杂社会项目。

由于我国竞技体育管理体制存在诸多弊端，导致不同部门和人员对青少年体育工作的职责定位不清晰，影响了青少年体育事业的可持续发展。因此，我们亟需构建一个协同合作的机制，确保各个部门、行业和领域能够及时地进行交流、合作和共同努力，以解决由于沟通障碍导致的绩效低下、管理上的矛盾和资源的浪费等问题。同时，还要加强组织机构间、项目间、群体间的交流和联系，形成合力，共同促进青少年体育竞赛事业健康可持续地向前发展。为青少年体育竞赛的持续发展提供有力的制度支撑，我们不仅需要最大限度地利用各参与方的长处，还需确保整体的合作与协调关系。

七、建立青少年体育竞赛治理长效机制

为了支持和确保青少年体育竞赛管理的现代化，我们需要完善比赛制度，利用现代信息技术，推动全面的管理制度和监督机制。要以国家政策导向作为指导思想，构建多元化参与主体协同合作机制，建立科学高效运行体制机制，实现对竞赛全程监控并进行全面监管。利用先进的信息技术手段，我们需要建立一个与比赛流程相匹配的统一的动态管理评估体系和信息公开机制。这样，我们可以更好地了解公众舆论的趋势，真正掌握完善青少年体育比赛评价体系的必要性，而不只是进行表面的评估和监督，确保能够及时识别管理流程中的问题，为青少年体育比赛的现代化管理提供有力的信息和技术支撑。

通过将青少年体育竞赛的发展整合到数字化平台中，我们可以构建一个多维度的互动优势和反馈机制。利用"大数据"技术，我们可以创建一个竞赛数

据库，以确保竞赛记录的规范性和完整性，从而方便竞争品牌进行阶段性的评估比赛和全媒体的传播；借助互联网思维进行赛事策划、制作，实现体育产品的精准化投放，提高受众参与度。与此同时，我们依赖于市场营销策略来策划比赛，确立标准化的比赛准则，并通过健全的法规来推动良好的治理。

借助"互联网+"，加强对运动员及观众群体的宣传，增强其参与意识，引导大众关注运动健身的价值取向和文化内涵，提升全民健身活动的社会影响力。在布局设计中，我们采用了长期的规划策略，确保相关政策的连贯性和系统性，旨在构建青少年体育竞赛治理的现代化长效机制，进一步完善体育竞赛的现代化法律和法规。

在顶层制度设计上，应制定专门针对青少年体育竞赛的专项法规，明确其权利与义务边界，并通过配套规章予以落实，为我国竞技体育的健康有序发展提供有力保障。法律工具为体育管理部门在处理体育相关事宜时提供了基础，加速了立法进程和法律的普及，从而有助于建立青少年体育比赛管理的政策和规范框架。加强对体育行政执法主体责任追究力度，强化法律责任。教育和体育部门必须坚持人本主义的管理哲学，利用法律手段来解决青少年竞赛管理过程中出现的社会问题和安全隐患。

八、打破赛事融合壁垒，推进现代化社会体育组织体制改革

行业协会和商会在我国社会经济进步中扮演着关键角色。他们在参与政策制定、优化资源分配、支持企业成长、强化行业自律和创新社会治理等方面都承担着重要的社会职责，它们是现代化管理制度和能力的核心部分。

随着经济社会的快速发展，我国行业协会、商会数量迅速增加，职能日益强化。它们被视为我国现代社会组织结构改革的关键突破点。协会脱钩改革对推动政府职能转变具有重大意义。

按照国务院行业协会的脱钩工作计划，行业协会、商会和行政机关的脱钩改革已经进入全面实施阶段，所有单项运动协会都必须在 2020 年底之前完成脱钩。这就要求对单项运动协会进行重新整合。在当前行业协会热衷于参与体育管理的社会环境下，我们积极探索政府的调控机制，充分利用单一运动协会的专业知识和权威地位，确保其在策划、组织、审批、认证、管理和监控方面的功能得到充分体现，从而推动基于体教结合的青少年体育赛事得到精准定位和健康发展。

2015 年，国务院办公厅发布《中国足球协会调整改革方案》，明确提出中国足协具有代表性、专业性、权威性，[1] 作为全国范围内负责足球运动的社团法人和国家负责足球赛事普及与提升的自律机构，该法人单位不仅是负责全国足球赛事普及和提升的自律实体，还是唯一一个代表中国参与国际足球组织的合法组织。在我国现行法律中没有明确对"中国足球协会"进行定义，但根据相关法规可以认定为具有法人资格的非营利组织。中国足球协会负责执行社会公共管理职责、推广足球运动、培育足球专业人才、设定行业规范、塑造和优化足球比赛体制，同时也负责创建和管理国家级足球队，并代表国家参与各种国际足球赛事。在国务院领导下，由国家体育总局主管，接受民政部登记并依法注册。

根据《中国大学生体育协会章程》的明确规定，中国大学生体育协会是唯一一个依据法律、法规以及主管部门权限来管理全国范围内大学生体育竞赛的合法机构。因此，中国大学生体育协会是依法成立并受其指导的全国性群众团体。根据《中国中学生体育协会章程》的明确规定，中国学生体育协会是唯一一个依据法律、法规以及政府授权来管理全国中小学生体育比赛的合法组

---

① 钟秉枢：《体教融合背景下青少年体育赛事体系完善的路径研究》，《体育学研究》2020 年第 5 期。

织。根据以上两个法规，国家体育总局颁布了一系列关于运动员参赛资格审查的规范性文件。很明显，这批文件为单项运动协会和体育行业协会在赛事的策划、组织、审核、认证、管理和监督等环节提供了明确的权限和合法性指导。

我国的足球协会有能力进一步优化其组织结构，最大限度地发挥其赛事管理的功能。目前，在亚洲范围内出现了一个新现象，就是很多国家都成立了全国性的足球运动委员会或者类似于中国足协这样的专门性体育管理机构。例如，韩国、日本都是通过足协来推进青少年足球比赛体系的建设。韩国政府对足球发展高度重视，并建立了相应的管理体制，形成了以体育行政部门为领导、教育主管部门为辅、社会部门参与的"三位一体"体制。韩国足球协会下属的四级足球联盟，包括韩国大学生足球联赛、韩国高校足球联赛、韩国中等足球联盟和韩国幼儿足球联盟，负责组织和管理学校的足球比赛。其中，韩国高校足球联赛是由韩国教育委员会主办的全国性学生体育活动项目之一。每一所学校和大学都设有足球联赛，而这些联赛都是韩国足球协会的下属机构。另外，还有一些全国性的大型足球竞赛，如世界校园足球锦标赛和亚洲中学生足球赛，它们也是由国家主管部门批准举办的，并得到政府支持与鼓励。

在日本，学校足球赛事已经建立了一个以日本足球协会和地方足球协会为核心，由各级学校足球联赛或协会支持的比赛组织结构。日本足球协会对整个日本足球事业发展起到了非常重要的作用。日本足协与全国各地的教育委员会进行了紧密的协调，并充分利用了地区足协和日本足协认可的多个协会组织，如日本小足球联赛、日本青年俱乐部足球联盟、日本职业足球联盟、日本俱乐部少年联盟和全日本业余学校足球部等，以展现其主动性和积极性，成功地完成了日本足球协会交付的各项任务。日本青少年足球运动员参加世界杯赛场训练是一项长期而复杂的工程，需要政府、社会团体和企业多方参与才能完成这项艰巨任务。在奥运会进行时，国际奥委会授权给国际单项体育协会来审核该赛事的资格和场地设备，负责奥运会赛事的整体管理和行政事务。

九、推动资源融合，畅通培养机制

在新时代体育与教育融合的大背景下，资源整合的关键在于构建一个全新的竞赛机制。通过出台专项扶持政策和法规来保障青少年体育事业发展，并加强与其他教育改革措施相结合。

第一，消弭行业中的障碍，完善政策保障措施。正在积极推进建立青少年体育工作的部际联席会议制度，集中讨论、集体研究和提出重要问题，建立体育相关政策实施情况的联合监测体系，并对体育与教育融合等体育相关政策的实施情况进行评估和承担责任。一是整合资源。我国需要将体育、教育和社会三大核心部门联合起来，构建一个由体育、教育、学校和家长共同参与的"四位一体"的青少年体育新模式。二是制定全国统一的青少年体育赛事发展规划。三是建立以省市为主的各级各类青少年体育赛事组织机构。

第二，克服制度性的障碍。为了实现体育与教育的完全结合并达到教育的目标，我们需要加强家庭、学校和社区之间的联系，推动社会的参与和合作，以及教育和体育部门之间的协同工作机制，搭建一个体育教育、大众活动、体育比赛以及体育文化和谐发展的体系。

第三，消除竞赛中的障碍。为了确保这项任务顺利进行，我们需要最大限度地利用青少年体育赛事的领导作用，并将完善青少年体育赛事的体系视为一项关键任务。一是要进行设计协调。为了推动由教育和体育部门共同主办的青少年体育赛事，我们需要加强对赛事体系的整体规划和设计。实施"校赛—校际联赛—选拔赛"的一体化小学、初中、高中、大学的竞赛体系，并构建一个涵盖县（区）、地（市）、省、国家四个级别的学校体育竞赛体系。[①] 二是分类

---

① 阳艺武：《体教融合背景下青少年体育后备人才培养的现实审视与战略取向》，《武汉体育学院学报》2021 年第 1 期。

管理。推动竞赛制度统一，统一报名资格，增加青少年自由参与的机会，减少重复竞赛。①

第二节　赛事系统层面：统筹规划青少年体育赛事

一、完善体教融合的青少年体育赛事体系

体教融合是党中央、国务院的重要决策和体育发展的重要改革，体教融合会影响青少年的成长，决定体育事业的发展，关系国家和民族的未来。需要将全国青运会、U 系列赛和其他的青少年体育赛事融合在一起，遵循"一体化设计、一体化推广"的策略，组织全国范围的学生运动会和青少年体育赛事，以构建一个体育部门与体育部门紧密结合的全国性青少年（学生青少年）综合队伍。通过构建以学校为中心的校园足球体系、完善高校高水平运动队建设等方式，推进体教融合进程。体教融合之后，青少年体育赛事制度的构建应由体育和教育两个部门共同承担责任，包括统一报名资格的登记流程、协调体育等级的认证机制、共享各种奖励政策的激励措施，谨慎地确定各个项目的起始比赛年龄，不同年龄段的比赛分组和项目设置，以及不同年龄段和不同项目的比赛数量。学校可以在不参加任何赛事的前提下进行课外体育训练。根据个体的生长和发育状况来设定比赛的规则，组织比赛的场地，并确定比赛的时间。采用学校体育训练和业余体育训练相结合方式。比赛的形式包括工作日的校内比赛、周末的校际竞赛、节假日的跨地区竞赛以及国庆节的竞赛。通过对青少年

---

① 戴国斌：《中国式体育现代化的文化逻辑》，《体育学研究》2022 年第 11 期。

运动员进行专门培训，提高其专项运动能力。我们有理由相信，体教结合的青少年体育比赛体系的进一步完善，将促进体育、教育和社会组织三方面的共同投资，形成一个新的竞技体育人才培养模式，从而提高选拔和培养的效率。

体教融合不仅仅是教育和体育两个部门工作的叠加，而是要将各自的优势转化为共同的优势，建立多部门的联动机制，加强各部门之间的沟通交流，根据实际情况共同制定管理制度，明确各部门的权责范围，落实各方的主体责任，共同推进体教融合下青少年体育竞赛体系的完善和发展。接下来，我们需要对当前的青少年体育比赛评估机制进行进一步的完善和创新。目前，我国青少年体育竞赛还没有形成一个完整有效的系统，这就需要对现行的评价机制进行优化改革。

2021 年，国家体育总局发布了《"十四五"体育发展规划》，其中强调对青少年各种体育比赛活动制度的完善，以及对运动成绩的评估和奖励机制的加强。[1] 因此，完善创新青少年体育竞赛评价机制尤为必要，改变重视竞赛成绩和排名的观念，针对不同年龄段的青少年运动员进行发展性评价、综合性评价、多元性评价，[2] 构建科学完善的评价体系，加强对青少年体育价值观教育，引导其树立正确的体育价值观和公平竞赛观念。在各级各类学校中要避免出现过度重视体育竞赛成绩而忽视文化学习和教育体育价值观的情况，与之相反，过度地重视升学率而忽视体育的情况同样也要避免，破除青少年运动员重体轻文，青少年学生偏文轻体两极分化的局面，促进青少年全方面能力提升。

---

[1]　中国政府网：中共中央办公厅国务院办公厅印发《关于构建更高水平的全民健身公共服务体系的意见》，[2022-3-23]，http://www.gov.cn/zhengce/2022-03/23/content_5680908.htm。

[2]　钟秉枢：《体教融合背景下青少年体育赛事体系完善的路径研究》，《体育学研究》2020 年第 5 期。

二、统筹赛事布局一体化赛事体系

《意见》提出"完善青少年体育赛事体系"，同时指出迄今体教融合的弊端，即青少年体育在体育和教育两个体系中的割裂、脱节。目前，体育系统和教育系统都有自己的竞赛体系。两种赛制的竞赛目标、人员、水平不同，竞赛的功利结果更是不同。但是青少年精英运动员比赛与基层训练比赛之间不能"脱节"，且"完善的青少年体育赛事体系"应该是两个竞赛体系相互衔接、统一管理、水平相近等，这是实现"体教融合"的关键。

构建主体多元、形式灵活、衔接紧密、布局平衡的青少年体育竞赛体系是实现培养竞技体育后备人才和促进青少年身心健康发展双重目标的关键。其一，要统筹赛事布局。教育和体育部门共同推进体育赛事的融合，统筹设计青少年体育赛事体系，对学校、社区、社团等组织的不同赛事进行多部门合作、多主体参与的统筹规划。对学校体育赛事而言，构建好"校内竞赛、校级联赛和选拔性竞赛"为一体的竞赛体系，[1]制定跨学段、跨区域的四级学校体育竞赛制度，依据小学竞赛"趣味化"、中学竞赛"多样化"、大学竞赛"专项化"的理念安排比赛。[2]其二，整合赛事资源。体育部门和教育部门已开始了整合赛事资源的步伐，将全国青运会和全国学生运动会合并为全国学生（青年）运动会，首届运动会将于 2023 年 7 月在广西举办。此外，需要进一步融合体育部门主办的 U 系列等青少年体育赛事和教育部门主办的学校体育赛事。将学校、体校、体育传统特色学校、U 系列青少年队、体育俱乐部等不同运动队纳入其中，统筹规划，与职业赛制有机对接。其三，统筹管

① 阳艺武：《体教融合背景下青少年体育后备人才培养的现实审视与战略取向》，《武汉体育学院学报》2021 年第 1 期。

② 赵晓东：《基于补短板视角下学校体育赛事发展的现实审视与路径选择》，《体育文化导刊》2021 年第 8 期。

理。青少年体育赛事体系应由体育部门和教育部门共同管理，在明确责权的基础上，统筹注册资格（运动员、教练员和裁判员）、运动等级认证、年龄分组设置、项目比赛数量、比赛时间安排等，并共享奖励政策。可以预期，青少年体育赛事体系的完善必将推动体育和教育系统的有效融合，打通竞技体育后备人才输送的多个渠道，引导多方社会力量投入的新型竞技体育人才培养和选拔模式。[①]

在项目设计方面，整合了阳光体育竞赛和青少年体育竞赛，以构建一个融合教育和体育的青少年体育赛事体系。该体系由教育和体育部门共同管理，并根据青少年的身心发展特点来确定各项目的初赛年龄。还设置了与各年龄段相匹配的比赛项目和数量，并根据学校教育的实际情况来安排比赛场地和时间。此外，还利用课余时间组织校内比赛，周末和假期则组织跨区域的全国性比赛，从而形成了一个包括校内、校际、跨区域和全国在内的四级赛事体系。通过对高校体育场馆资源的合理规划，使之能够满足不同层次学生的需求。

另外，由两个部门联合管理的青少年体育赛事体系也将促进竞赛资格的统一注册和管理，统一的运动等级认证，以及两个部门之间的奖励政策和激励机制的共享，[②]这极大地简化了体育比赛的管理流程，确保有限的资源得到最优化的使用。在我国体育事业蓬勃发展的今天，高校体育与社会经济、政治以及文化等领域的相互交融越来越密切，为我国体育事业注入了新的活力，同时也带来一系列亟待解决的难题。因此，我们需要进一步深化体育与教育的融合，明确各方的责任，共同努力推进体育竞赛制度的完善和一体化体育赛事体系的

---

① 钟秉枢：《体教融合背景下青少年体育赛事体系完善的路径研究》，《体育学研究》2020年第5期。

② 钟秉枢：《体教融合背景下青少年体育赛事体系完善的路径研究》，《体育学研究》2020年第5期。

建立。这不仅可以促进学校体育的持续发展，还可以推动竞技体育后备人才培养体系的改革和发展，从根本上解决竞技体育后备人才短缺和青少年体质健康逐年下降的问题。

三、兼顾普及与选拔赛事的协同发展目标

对学校体育比赛制度的完善被视为体育与教育融合的核心。我们通过对广东省中小学开展青少年体育赛事情况进行调研，发现目前仍存在一些问题，需要在体制机制上加以创新。

第一，我们需要搭建一个多级别的比赛活动体系。健全比赛管理与服务体制机制。随着体育与教育融合改革的不断深化，青少年体育赛事已逐渐成为一个关键的工作。考虑到青少年在身心发展、地理分布和体育需求方面存在多样性，政府需要对组织结构进行优化，简化体育赛事的审批流程，拓宽体育竞赛的供应范围和形式，并建立一个适应不同年龄段和不同运动能力的竞赛体系，以实现各方面的有效衔接，从而为更多的青少年提供多样化的竞赛机会。在此基础上，进一步扩大高校体育资源，鼓励社会力量办赛。与此同时，我们致力于推动学校体育赛事的全方位发展。以全国学生（青年）运动会为核心，我们建立了从小学到初中，再到高中和大学的四级联赛。强化引领型、精英型和大众型三种体育赛事的协同发展，不仅为青少年提供了一个广泛的参与平台，还有助于加强竞技人才的培训，以满足各种竞赛的需求。

第二，比赛的内容既新颖又具有多样性。在遵循国家教育方针、符合青少年身心健康发展要求的基础上，通过对现有项目进行整合和创新，形成具有时代特色和区域优势的新项目。考虑到青少年的生长发育模式和他们面临的实际挑战，我们结合两大目标，即促进青少年的健康发展和提高体育比赛的质量，

对体育比赛的内容进行了科学的规划，同时也更新了比赛的形式，以全方位地提升他们的身体素质。我们需要加强与体育中考和体育高考的内容连接，同时考虑到当前的考试需求和学生的长期健康发展需求。在此基础上，进一步优化赛事组织模式，完善赛事运作体系，形成"比赛—训练"一体化运行机制，实现从传统竞技运动向大众健身运动转变。

第三，构建多样化的治理体系。通过建立以学校为中心、家庭为基础、社区为依托、社会组织和个人共同发挥作用的"三位一体"多元化治理体系，实现体育资源有效配置和利用，推动体育事业可持续发展。一方面，政府需要适时地调整其职责，刷新其管理观念，加强政策的指导作用，主动赋予权力和能力，并激励市场、社会等多种实体参与青少年体育赛事的发展。另一方面，建立完善相关法律体系、科学有效的监管制度和评估考核机制。我们需要明确各方的权利和职责，确保各方的利益得到保护，建立一致的管理准则，并对各方的行为进行有效控制，以维护各方的利益。同时，还要发挥高校在青少年体育赛事中的重要作用，为赛事提供经费支持与专业指导。这种方法不仅可以刺激各个学科师生的热情，还可以提高多个学科师生参与体育比赛的热情，从而享受到比赛所带来的发展益处。

第四，增强体育机构的决策自主权。体育组织是国家机构中重要组成部分。体育机构作为青少年体育比赛的执行者，其决策直接影响到青少年体育比赛的稳健进展。我国现阶段体育组织在管理方面存在很多问题，需要改革创新。我们需要强化基层体育组织的建设，推动体育组织向专业化方向发展，以提升体育人才的培养效果，并使竞赛更加科学、持久和健康。同时，要加大对体育组织自主管理权的保障力度，建立和完善相关制度，使青少年体育竞赛更加规范化、制度化。

第五，构建跨多个部门的协同合作机制。构建以政府为主导、多元主体共同参与的青少年体育竞赛体系，充分发挥各个职能部门的职能和作用，形成合力推进青少年体育竞赛事业的持续快速健康发展。构建青少年体育竞赛体系是一个涉及多个部门紧密合作和协同管理的复杂项目。

当前我国青少年体育竞赛体系还存在条块分割严重、重复设置过多、运行效率低下和利益分配不公等诸多问题，影响了其效能的充分发挥。因此，我们迫切需要构建一个协同合作的机制，确保各个单位能够及时地进行沟通、相互合作和共同努力，以解决由于互相妨碍导致的绩效低下、管理上的冲突和资源的浪费等问题。

四、建立多层次、多元化竞赛体制

策划多层次、多样化的比赛活动，以增加青少年体育赛事的参赛机会。同时加强对学生课外体育活动的引导与管理。学校体育竞赛体系可以是多元化的，包括校内的班级赛、校际的四级联赛（涵盖小学、初中、高中和大学）、选拔性竞赛（如区组队赛事和冬夏令营）、邀请赛，以及由政府资助、社会支持的零门槛、重参与、普及型赛事和面向国内外学校及青训俱乐部共同开放的交流提高型赛事。

校内竞赛是一种在中小学进行的竞赛活动，其参赛单位是班级和年级，而在高等教育机构中，参赛单位是院（系）。这些班级竞赛分为三个不同的级别，分别是校内班级赛、区级班级赛和市级班级赛。区队比赛则分为校级区队和省级区队。

一是学校内部的班级比赛。这个级别的比赛主要是为了参与。[1] 在校级四级联赛体系中，比赛可以根据年龄、性别、组别和竞技能力等因素分为多个组

---

[1] 骆秉全：《北京市校园足球竞赛体系运行现状研究》，《首都体育学院学报》2019 年第 2 期总第 31 期。

别，从低级别联赛到高级别联赛，逐步走向专业化。学校作为代表队参与比赛，进行激烈的角逐。这样的体系串联了四级联赛体系，建立了完善的竞赛体制和运动员成绩记录系统，优化了向一级别联赛推荐运动员的制度，并能随时查询运动员的参赛数据。目前，市级以上各级各类高校均有不同程度地实行了"校—院—队"三级制的赛事组织形式。

二是选拔性质的比赛。这是一类以选拔优秀运动人才为目标的赛事，分为选拔型与交流学习型两种，前者指高校或社会组织举办的各级各类比赛，后者则是大学生之间相互切磋技艺的一项大型群众性体育赛事。选拔性竞赛是一个在各个省（市）范围内进行的活动，其主要目标是培养杰出的学生运动员。这一活动通过组织校园训练营等多种方式来实现，由特定区域内的青少年学生组成联合队伍参与，涵盖了市、区、学区的夏季和冬季训练营竞赛。

三是俱乐部型竞赛。这种竞赛是根据各个高校实际情况而设计的具有自身特色运动项目的竞赛。在交流提高型竞赛中，参赛的队伍可以是专业的运动员或者是业余的运动员。这种比赛的主要目的是普及体育知识，没有任何参与资格的限制，重点是让所有热爱体育运动的学生都有平等的机会参加比赛，让他们体验比赛中的激烈氛围，提高他们参与体育运动的兴趣，为他们的终身体育生涯奠定坚实的基础。

四是鼓励创新型比赛。学校可以设立专门组织大学生创新大赛，并定期举办各类比赛，以促进学生创新能力的发展。在邀请型比赛中，学校有权邀请其社区或其他事业单位的员工、专业的体育选手以及其他领域的体育爱好者等，与学生一同参与体育活动，这样做是为了确保学生教育的重要性，并引导他们树立正确的价值观。通过多种方式宣传体育精神，树立健康向上的校园文化氛围。我们从多个维度和层次出发，设计了多样化的体育赛事，以确保每所学校都能获得平等的比赛机会，从而拓宽学校的参赛范围，并确保每名学生都有机

会参与到竞技活动中。[①]

五、统一全国大学生体协与各省学生体协的品牌赛事建设

我们致力于整合全国各级学生体育协会，确保全国学生体育协会、地方学生体育协会和校园竞赛委员会三个层级都有完善的管理体系。从上到下，各级机构负责各种类型的比赛。全国学生体育协会主要负责组织全国范围的比赛（如总决赛），而地方学生体育协会则主要负责组织省级的比赛（如预赛）以及一些普及度较高的选拔性比赛。

组织各种不同级别和类型的比赛，加强省级比赛政策和趣味性竞赛的实践指导，构建一个真正由政府主导、多方参与的竞赛体系结构，在提高普及程度的同时，将会形成一系列的品牌。以竞赛的质量为核心，推动竞赛活动向大众化和推广化方向融合发展。同时，加强宣传力度，让更多的人了解学校竞赛活动开展状况及取得的成绩，为高校竞技人才培养奠定坚实的基础。为了确保各级学校竞赛的公平性和流畅性，我们需要完善竞赛的管理机制体系。同时，对竞赛中出现的问题，应该给予适当的处罚。

组织学校竞赛的机构有责任执行严格的监督和管理制度，这不仅包括严格的奖励和惩罚机制，还涉及学校竞赛资金分配的严格执行。学校应当建立与国家相关政策相协调的奖励办法，确保高校竞赛活动开展有序，保障竞赛成果有效利用。对于那些严重违背学生体育协会制定的竞赛规则的高等教育机构，可以实施严格的学校竞赛管理制度，并实施必要的禁赛处罚，以确保高校竞赛的

---

① 郝文鑫：《我国新校园足球竞赛体系的运行现状考察与治理路径研究》，《武汉体育学院学报》2020 年第 7 期。

公正性和顺利进行。①

六、规范青少年竞赛项目设置及竞赛过程的监督

组织体育赛事时，我们需要一个完善的管理策略，确保项目可持续发展并与社会多样性产生协同效应。因此，从宏观层面看，我国目前还没有专门针对青少年体育活动进行系统规划和管理的法规或文件，但就微观层面而言，各地都有自己的具体运作方式和方法。第一，在组织青少年体育赛事时，我们的目标应该与全运会、奥运会等其他体育赛事有明确的区分，更应强调其普及性和质量提升。对于不同类型的赛事，可以选择适合自己特点的组织模式。我们应该将焦点集中在那些容易被大众接受的比赛项目上，而针对奥运战略的金牌赛事则应适当降低。因此，青少年体育组织要根据自身特点来进行合理规划。在实施各种项目的过程中，我们需要对青少年参与体育的市场进行深入探讨，特别是那些深受青少年喜爱的活动，应特别支持那些有助于青少年个性发展的项目。第二，要重视青少年赛事与学校教育之间的联系，通过学校教育来推动青少年体育运动的发展。第三，我们需要为比赛创造一个积极的氛围，应涵盖选手、裁判和管理层等各方。加强对青少年体育赛事的管理与引导。青少年体育比赛的核心目标是保护体育的尊严，并鼓励更多的青少年对体育产生兴趣并参与其中。第四，加强青少年体育组织建设，提高青少年参与赛事的积极性。青少年体育竞赛的一项核心任务是将逐渐扭曲的体育现象重新引入奥运会所倡导的核心价值观中，重新强调对青少年在正义感、公平感和公开意识方面的培养和教育，制止各种不正当的体育行为，并坚定地反对在青少年体育比赛中出现

---

① 钟秉枢：《体教融合背景下青少年体育赛事体系完善的路径研究》，《体育学研究》2020 年第5 期。

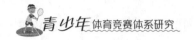

假球、兴奋剂、赌博和贿赂等不正当行为。

青少年体育赛事的监控系统充当了系统维护的角色。青少年体育赛事系统中的监控体系由政府监管、媒体监管、社会管理以及司法保障四大部分组成，它涵盖了内部、社会、独立以及司法这四大监督组成部分。[1] 通过对监督实体的严格监管，监督体系确保赛事组织的透明度和公开性，从而保障赛事的公正性和公平性。

监督体系由监督机构、监督对象和监督内容构成。监督体系的核心构成是监察的主体，而这个监督主体则是监督权利的实施者，因此，监督主体有必要制定和完善相关的监察法律和法规。

目前，我国青少年体育赛事存在监管不力的现象。为了进一步提升我国青少年体育赛事的整体质量，我们亟需一个健全的监控机制，这也是我国目前青少年体育赛事体系中存在的弱点。在青少年体育赛事的管理体系中，存在一个"专门机构"，其主要任务是对赛事进行高效的监督，执行监督、纪律和报告的职责，对与体育运动有关的各个要素、部门或人员进行细致的监督和管理"。[1]在比赛的各个环节和过程中，我们要确保赛事的健康进展，保障公平的竞争氛围，并严厉打击不正当的竞争行为。

青少年体育赛事是一项特殊的体育活动。在青少年体育比赛中，对于那些可能影响比赛流程和结果的权力机构，以及与比赛有关的各种因素和环节，只有当监管对象能够在法律和法规允许的范围内进行体育活动时，才能确保没有任何违法或违规行为，从而保证青少年体育赛事体系的健康和持续发展。因此，对青少年体育赛事进行监控是十分必要的。为了确保青少年体育赛事的公平性和公益性，我们必须在一个可靠的监控体系下，始终将青少年的利益置于首位，并以他们的利益为核心导向。

---

① 姚远：《我国学校体育赛事体系研究》，《体育文化导刊》2018 年第 12 期。

第三节　学校体育赛事体系层面：挖掘学校体育竞赛育人价值，健全赛事体系

一、回归教育本质，构建良好体育生态

良好的体育生态是体育事业发展所追求的美好愿景。学校体育、竞技体育和群众体育应是构成体育生态体系的主体，只有实现三者的协同发展方能推动我国体育事业高质量发展。因此，我国竞技体育后备人才萎缩的问题不应局限于从竞技体育领域找原因和解决路径，更应从体育生态理论视角辩证分析各种困囿，寻求其根本的原因及解决对策。当前，竞技体育人才培养中存在的学训矛盾问题的根本原因在于其偏离了教育的本质，人才培养的目标过于功利化，未能做到以人为本，重训练轻文化，根本对策是回归教育本质，重视学生德智体美劳的全面发展，将运动员塑造为一个完整的人，一个能在退役后仍能被社会所需要的人，唯此方能成就竞技体育事业健康可持续的发展。

二、重视学校体育竞赛育人价值的挖掘

我国青少年体育竞赛的评价理念过于注重成绩和名次，忽视了育人价值的形成和凸显体育竞赛的文化意义。澳大利亚中小学体育在开展体育竞赛时十分注重凸显体育竞赛的育人价值，旨在创造一个有利的教育环境，让学生从参与体育竞赛的各个方面受益。在我国，尚未形成明确的学校体育竞赛教育价值发

挥的思路和方法，体育本身就具有强烈而独特的教育价值，[①] 课外活动的开展不应仅限于培养高水平运动员，应从教育的角度重新审视和把握，强化其作为教育方法和工具的价值，通过营造具有教育价值的竞争环境、发展具有教育价值的竞赛文化，让学生参与到学校体育比赛中，全面提高素质，完成个人品格的塑造。

三、整合职能部门，健全学校体育赛事组织体系

通过对政府调控机制结构的深入研究，充分利用学生体育协会的独立协调能力，可以有效地促进学校体育赛事组织方式的转型，形成一个"纵横一体化"的组织体系。通过构建"横向—中心—纵向多层级"互动模式来完善我省高校学生体育协会运行机制。一方面，我们坚持"效率、协作、社会化"的原则，整合各级协会的职能部门，明确协会的职能分工，推进协会"去行政化"改革，调动各方的力量，树立全省学生体育协会和会员学校的自主发展意识，鼓励学生体育协会切实履行赛事的组织、设计、审批等职能。建立与社会资本结合紧密的高校大学生体育协会，发挥其在校园足球活动中的重要功能。我们需要打破学生体育协会之间的纵向沟通障碍，摒弃传统"协会—学校"的统一组织模式，强调学校体育赛事的多级组织结构，并增强各级协会之间的整合性和灵活性。建立与地方政府相关部门间的协调机制，推动各级政府在政策制定方面加大对学生体育协会的支持力度。另一方面，体育和教育部门需要深化相互之间的横向合作，最大限度地发挥其监管职能，深入了解青少年在竞赛中的多样化需求。通过这种横向的协同合作，我们可以更好地组织和推动各级、各地区和项目学校的体育赛事，从而实现相互激励、合作和共同进步。此外，建

---

① 李欣玥：《澳大利亚中小学体育竞赛体系研究及启示》，《体育成人教育学刊》2019 年第 2 期。

立多元化的学校体育赛事组织体系。在各级赛事管理部门之间以及各级学校、部门和学生体育协会之间建立横向联系，有助于整合和共享竞赛资金、场地设施、科研人员和高水平教练员等资源，逐渐形成一个由体育—教育部门主导，学校、协会和企业多方参与的学校体育赛事组织结构。

为了学校体育能够有效地培养竞技体育的后备人才，促进青少年的身心健康成长，建立一个明确的竞赛层次、均衡的项目布局和立体的赛事体系显得尤为关键。

近年来，我校以"体教融合"为主线，在探索中不断完善竞赛体制机制，形成了具有鲜明特色的校园体育精神文化，有效地推动了学校体育事业持续健康发展。一方面，我们全方位地建立了安全培训指南、灵活的管理制度、科学合理的营养计划、心理健康咨询服务、一流的培训团队、多元文化的辅导服务，以及大、中、小学全面包容的竞赛体系（图1），助于教育系统更精准地培养和发展人才，并实现人才的精准输送。同时，高校通过举办全国性或区域性运动会来实现对学生综合素质和能力的培养。其中涵盖了由教育部门负责管理的校内以及校际的竞赛机制，同时还需要完善与之相适应的配套政策机制。另一方面，所有级别和类型的学校在组织比赛时，都应以综合学校体育竞赛体系为参考，对比学校队伍、全运会和奥运会等赛事的策略，摒除功利主义的观念和思维方式，确立"校运会"的核心理念。

在竞赛项目的基础上，充分利用传统的优势，积极地开发和培育具有巨大发展潜力的体育项目。同时，通过建立完善的保障机制来提高高校竞技体育运动水平，确保高水平运动人才能够持续培养。体育比赛不仅是开展体育教育的初始步骤，也是组织各种训练和竞赛活动的基石。因此，我们必须最大化地利用高等教育机构的资源，并进行有针对性的建设工作。中小学应当组织各种竞赛项目，为弱势竞赛项目提供更多的资源，充分利用特色竞赛的独特之处，努力恢复优势项目之间的"生态平衡"，并鼓励优势项目与潜在优势项目、基础

竞赛项目与弱势项目之间的和谐发展。

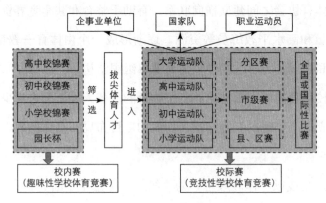

图1 一体化赛事体系结构图

（图片来源：赵晓东的《基于补短板视角下学校体育赛事发展的现实审视与路径选择》，《体育文化导刊》2021年8月第8期）

四、构建学校体育赛事体系运作系统

学校体育赛事体系工作体系已经构建完成，它由竞赛体系、保障体系、监督体系、营销体系以及环境体系等五个主要部分构成。学校体育赛事体系的中心是竞赛体系，而其他的系统则是为竞赛体系提供必要的支持和服务。保障体系包括赛事组织管理部门、比赛场馆设施及配套设备维护保养单位等。保障体系在确保和平衡学校体育赛事进展方面发挥着关键作用，并确保为学校的各种体育赛事分配充足的资源。

监督体系对保障系统、市场营销体系以及竞赛机制进行高效的监控，以确保学校的持续发展。高校体育社团作为学校重要的组成部分，对学校体育事业发展具有一定影响。在体育赛事的发展过程中，任何违规行为都应根据相关的法律和法规进行处理，以确保学校体育赛事体系的合法性和规范化运行，同时营销体系也应促进学校影响力的常态化和扩大影响力。通过合法和合理的手段来组织体育赛事，旨在塑造赛事的品牌形象，提升赛事的组织质量；借助互联网技术搭建信息平台，建立完善的赛事管理组织机构及管理制度，保证比赛有序开展。为了促进学校体育赛事的持续发展，我们需要在该系统运行中，客观地对系统进行测试，通过标准化的评估为其提供反馈，以确保系统的持续进化并满足发展的需求。

五、增加学校体育赛事数量

竞赛体系由六个主要部分构成：竞赛的形式、制度、规则、级别、范围以及周期。高校体育作为我国教育体系的重要组成部分，其发展离不开对现代体育赛事的开发和利用，而目前，高校在举办大型体育赛事方面仍处于探索阶段。现代体育赛事与传统体育竞赛在概念上有所不同。现代体育赛事以体育竞赛作为其主要载体，覆盖了经济、社会和文化等多个方面，因此，学校体育竞赛制度应当以体育竞赛作为其核心。我国高校实行学分制后，学校体育赛事的数量和规模都会得到进一步扩大。

在当前的赛事制度中，提高标准赛事的供应成为主要的供应难题。在高校体育教学中开展竞训结合模式有助于培养学生终身锻炼的习惯和提高其运动技术水平。学生构成了竞赛的核心参与者，因此个性化和差异化的发展成为一种不可避免的趋势。为了满足不同年级和不同层次学生对学校体育赛事的多样化需求，我们必须构建一个多元化的竞赛体系。在构建多元高校体育课程中，可将我国现有高校划分成若干区域和层级进行管理和实施。具体框架在纵向上覆盖了小学、初中、高中、大学四个不同的教育阶段，从横向看，它涵盖了学校、社区、区、县、市、省、地区、全国等层面，并以国家和省级层面为重点，构建一个完整的中国校园体育赛事系统。我们必须确保我国的学校学生能够全方位地参与各种年龄和层次的学校体育比赛，以满足各类学生的需求，并

持续强调体育在人的全面发展中的重要性。

六、丰富学校体育系列赛事活动

《意见》中提到的"开展丰富多彩的课余训练、竞赛活动"这一观点具有深远的意义，明确指出了目前学校在课余训练和竞赛活动方面存在的明显不足。这也说明，"丰富多彩"并不是说现在学校就没有课外运动训练，而是强调要从更高层面上理解课余训练和竞赛活动。所谓"不丰富多彩"主要指的是：学生在课余时间参与的训练和竞赛项目数量不足，针对所有学生的竞赛和训练内容也不够多样化。

长期以来，我国中、小学的课余训练工作比较薄弱，在一定程度上影响了广大青少年的身心健康发展。这些问题的根源可以追溯到长时间的"体教分离"，导致学校在体育文化建设上的缺失，以及对培养杰出体育人才方面缺乏具体规划。因此，必须从体制上进行改革，以实现体教结合。多姿多彩的体育赛事不仅能有效地点燃学生对体育活动的热情，还能激励他们更加主动地参与体育锻炼，从而有助于培育他们的终身体育观念。同时校园体育赛事还能够为高校提供一个良好的学习氛围，促进师生交流互动，提升校园文化品位，从而提高大学生的综合素质。提供高品质的校园体育赛事不仅能让校园体育赛事更具创新性，还能极大地提升对学生的吸引力。

高校举办校园体育赛事应该从实际情况出发，根据场地条件和项目特点来确定具体的实施方案，这样才能保证其具有良好的社会价值与经济价值。关于赛事的组织和管理，校园赛事组织管理机构及其内部人员需要明确各自的职责和权限，并进行细致的任务分配。赛事的策划需要由专业团队来完成，他们需要系统地总结赛制、分组、年龄、性别和比赛时间等外部因素。管理团队必须确保场上和场下的纪律和安全，并雇佣专业裁判来执行运动场上最精彩的比赛，并为运动员提供必要的安全措施和意外伤害风险。

另外，还要加强学校领导对校园体育赛事工作的重视程度，并将此作为重要任务来完成。我们需要整合和共享高质量的校园体育赛事资源，创建高质量的校园体育赛事，开发其赛事产业链，帮助教师、学生、家长形成校园体育赛事的观念，建立适合学生的高价值自主体育赛事，并增加校园体育赛事的创新点。学校也应该积极配合相关部门和机构制定完善的校园体育制度，让师生参与到校园体育赛事中去。最终，我们需要巩固校园体育赛事人才培养的基础，精心策划和营销校园体育赛事，以扩大其社会影响力。同时，也需要广泛吸纳优秀人才，拓宽赛事消费市场，并优化赛事资金的流转机制，更好地满足更多学生的需求，以推动校园体育赛事健康、有序地发展。

七、支持学校建立青少年体育俱乐部

在《意见》里，"支持学校创建青少年体育俱乐部"的表述是空前的，它应该涵盖"探索青少年课外体育俱乐部的创新策略"以及"结合提高和普及青少年体育训练"的目标。青少年体育活动指导中心、中小学校园足球基地等概念都不能完全涵盖青少年体育俱乐部的内涵。当我们在教育体系中使用"青少年体育俱乐部"这一术语时，意味着它有助于明确青少年体育俱乐部作为"学校与社区融合"培训机构的未来改革方向。从这个意义上讲，"青少年体育俱乐部"这一概念具有一定程度的学术价值。青少年体育俱乐部代表了学校体育的一种新的扩展方式，对这种创新的训练组织模式的研究和改进也随之开始。

八、加强体育传统特色学校建设

《意见》为"加强体育传统特色学校和高水平运动队建设"设定了新的标准，这些学校被统一命名为"体育传统特色学校"。这不仅考虑了历史上曾经存在的两种类型学校的概念，而且预示着未来这两所学校的命名方式和管理方式将会走向统一。通过梳理我国现有关于学校体育传统特色学校的定义、类别以及内涵等相关研究发现，目前学术界对学校体育传统特色化还缺乏系统而深入的研究。具体表现为：①促进学校体育特色的"一校一品"发展；②致力于推广学校的传统团队项目或具有特色的课程；③致力于推进那些在传统上有优势的学校代表队的项目；④致力于推动该项目中杰出体育人才的培养和输送；⑤致力于推进学校的新型体育活动，为"一校多品"的理念提供了典范。

九、规划全年校园品牌赛事

教育是校园体育赛事的核心精神，而品牌则可以视为校园体育赛事的一种组织方式和传播工具。高校应根据自身特色，将体育与文化相结合，通过各种途径建立起具有鲜明特色的校园文化品牌赛事，以此来提高学生参与体育运动的积极性和主动性。

为了使全年的校园品牌赛事得到规范、统一和推广，学校可以根据国际上公认的企业统一标识设计标准来完成全年的校园赛事，包括校园赛事的LOGO、标准色系、标准字体、辅助元素和应用等，同时完成各级全年不同季节徽章的设计工作。通过建立"全国高校体育协会联合会"，为各个院校制定相应的章程或制度，从而保证每年都能有一个全国性的校园品牌赛事出现在大众视野中。一旦校园品牌设计确立，就可以采用品牌化的策略来进行管理和运营，并建立专门的机构和组织来在主流媒体上对校园足球活动进行广泛的报道。还可以通过多种途径开展校园体育品牌赛事的宣传。例如，制作以校园体育赛事为主题的公益影片，让体育明星作为形象代言人参与各种校园体育活动，让体育明星直接与学生分享他们的成长故事，以及由精英教练为校园体育比赛提供专业指导等。

此外，还可以通过各种媒介向社会各界宣传校园体育赛事的意义、特点及其影响力。一方面，校园体育赛事所展现的积极健康的形象和积极的氛围有助于引导全社会更加关心和支持青少年的健康发展；另一方面，能够增强社会对校园体育赛事品牌的深入了解，并确保其持续受到关注。因此，如何在众多高校中脱颖而出是值得每一位体育工作者思考的问题。一旦确定了校园体育品牌赛事的基本构成元素，我们就有必要进一步加强和完善品牌体系的建设工作。

通过品牌塑造提升学院体育赛事知名度，通过品牌形象推广吸引消费者眼球，从而达到宣传效果最大化的目的。品牌建设不只是关于名称和 LOGO，随着其影响力的增长，还需要进一步整合其他元素，例如吉祥物、主题曲、代言人、有影响力的形象大使、品牌的历史和故事等。同时，针对校园体育赛事的相关活动，需要进行统一的品牌包装，并结合当地和学校的文化特色，构建一个具有独特特色的校园品牌赛事文化。[1]

---

[1]　曹源：《新时代背景下我国高校体育品牌赛事建设研究——以中国大学生足球联赛（CUFA）为例》，硕士学位论文，云南师范大学，2021。

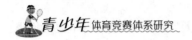
第四节　竞赛保障体系层面：拓展竞赛资源，营造赛事文化

一、加强体育竞赛资源供给，提高竞赛资源利用效率

任何体育赛事的成功举办都依赖于充足的竞赛资源。如果在缺乏专业教师或教练、场地设施不充足或组织管理不力的情况下进行比赛，不仅无法确保比赛顺利进行，也无法实现技能提升和人才选拔的目标，更不可能实现促进青少年健康成长的目标。

目前，我国体育系统内普遍存在体育场地严重不足、师资力量匮乏的现象，而这些因素又直接影响了竞技体育运动水平的进一步提升，制约了全民健身计划的顺利实施。因此，我们需要加大对竞赛资源的供应力度，确保有效地解决专业体育教师教练短缺、场地设施长时间未维护、器材陈旧以及资金不足等一系列问题。这就要求从源头上解决问题——完善学校体育师资队伍建设。首先，我们通过引进优秀人才，在各级学校设立教练员职位，畅通优秀运动员向教师教练转型的渠道等手段，吸引优秀教师教练留在学校任教。同时，我们也利用网络教学、与高校进行交流合作、赴其他地区交流学习等方式，对现有的教师教练进行组织培训，以提高他们的专业素养和教学能力，从而真正解决专业体育教师不足和教师不够专业的问题。其次，加大对体育场地设施的投入，加快建设体育场地设施。2022年3月中共中央、国务院印发了《关于构建更高水平的全民健身公共服务体系的意见》提出到2025年，人均体育场地面积达到 2.6 平方米，^① 政府相关部门需要增加对体育场地设施的资金支持，持续推动体育场地设施的建设进程，并对现有的体育场地设施进行及时的维护和修复，以解决场地设施不足和长期疏于维护的问题。通过完善法律法规，加强管理监督与评估体系建设，建立科学有效的评价机制来保障我国体育事业可持续发展。

与此同时，我们也致力于提升体育设施和其他竞赛资源的使用效率，并鼓励公共体育场地和满足开放条件的学校体育设施为青少年提供免费或低成本的服务。最终，借助市场的力量来扩大竞赛的资金来源。为了刺激体育市场的活跃性，我们为其制定了特定的税务优惠措施，降低了相关组织市场进入的门槛，鼓励各方参与体育竞赛的进程，从而形成人才、资源和技术的流通环境。在寻找更多的资金来源时，我们须确保竞赛资金的合理分配和使用，并对其进行严格的监管。此外，我们还向公众公开资金的流向，以确保所有的资金都能投入到体育竞赛中。

二、拓展资源供给渠道，提高赛训团队素养

我们必须遵循开放、共商和可持续的原则，运用全局思维和系统规划来拓展学校体育赛事资源的多元化供应渠道，通过全方位和自上而下的推动来促进学校体育训练队的专业化发展，实现统筹协调和精准分配。在此基础上，构建多元主体参与下的学校体育竞赛体系和运行模式。首先，学校体育竞赛的资金应当被纳入政府竞赛管理部门的长期发展计划中，政府相关部门需要加强对学校体育竞赛专项资金的分配，尤其是需要增加对欠发达地区学校的财政支持。

---

① 中国政府网：中共中央办公厅、国务院办公厅印发《关于构建更高水平的全民健身公共服务体系的意见》，[2022-3-23]，http://www.gov.cn/zhengce/2022-03/23/content_5680908.htm。

加强顶层设计和制度建设，建立合理高效的学校体育竞赛管理体制和运行机制。我们正在努力推动政府购买公共服务的策略，并鼓励学校与各种级别的体育公司和体育俱乐部进行深入的合作。在国家层面上加强顶层设计，制定完善相关法律法规体系，为学校体育竞赛资源共享奠定基础。作为体育赛事的核心枢纽，我们致力于促进赛事方案的有效沟通、场馆设施的互联互通、赛事资金的筹集以及赛事信息的有效传递。我们的目标是建立一个联盟、全面和长期的合作关系，并逐渐形成一个"多轨合力、多方齐心"的学校体育竞赛资源供应模式。

其次，《意见》特别强调了教练员队伍大力训练的要求，这一新趋势表明：①国家对学校训练越来越重视；②国家希望学校的课后体育训练有更高的水平；③国家希望学校能够培养更多优秀的体育后备人才；④国家认识到仅靠学校体育教师无法支撑高水平的训练和比赛，专业学校教练员应逐渐成为一个岗位类别；⑤当前高水平学校教练员队伍严重不足，必须大力加强队伍建设，搭建优秀退役运动员和教练员到大中小学的职业发展通道，实行"双岗制"用人模式。体育教师在经过审核之后，有资格直接成为教练员并有可能晋升为教练员，这样可以促进体育教师之间的交流和双向流动，从而解决学校体育高水平教练员的短缺问题。高校可以利用专业优势组建优秀的运动队，为学生提供全方位服务，提高运动成绩和综合素质。伴随着跨领域管理培训模式的进步，教练团队的构建需要吸纳来自多个领域和学科的专才，以形成一个与功能康复和医疗保障并行的高质量学校体育比赛、训练、监控、数据分析和心理咨询服务，从而协助青少年运动员科学地提升其竞技能力的专业训练团队。

最后，需要提升竞赛资源的使用效益。优化体育经费结构，增加资金投入力度。我们需要对体育场地和相关设施进行合理的规划和建设，扩大体育竞赛场馆的功能范围，并合理地制定体育场地的使用计划，同时指派专门人员来组织和指导体育设施的使用。为了提升体育教师和教练员的专业技术水平，我们应定期组织体育比赛的转型训练，推动优秀运动员向教练员的角色转变，同时加强教师与青少年俱乐部和传统体育学校的合作，并采用线上教学等多元化的教学方法。为了确保体育竞赛的资金得到有效利用，我们需要扩大竞赛资金的获取途径，合理地分配和使用这些资金，并建立一个资金使用的监控机制，同时公开资金的使用情况和流动趋势。

三、搭建支撑系统，平衡赛事资源

学校体育赛事体系的持续发展依赖于体育系统的稳固支撑。在分析高校体育教学与训练工作中存在问题基础上，提出构建以学生为中心，教师为主导的新型"三位一体"的校园体育竞赛支持服务体系。它涵盖了组织结构、资源的确保、规则和制度以及安全的维护这四大核心部分。在分析这些因素的基础上建立了高校体育赛事支持系统框架模型。支撑系统为赛事的顺利进行提供了必要的资源，这是确保系统功能得以实现的关键步骤。在此基础上，各子系统之间相互配合、相互制约、相互促进，形成一个有机整体。与此同时，为了确保学校体育赛事体系在不同地区的均衡发展，国家需要对赛事资源进行均衡分配，以防止贫富差距进一步扩大。

高校作为社会中最有影响力的人群之一，其自身拥有众多优秀运动员，也具有丰富的场馆设施及场地器材等硬件条件。现阶段，我国的学校体育比赛资源分布存在不平衡，过分依赖于高等教育机构和知名学校，这对学校体育的广泛推广和进一步发展构成了障碍。因此，应该将部分高校作为重点支持对象，使其成为学校体育赛事资源开发与运营的主体。

学校体育教育的核心目标是培养人才，而体育在道德教育和人才培养方面具有不可取代的重要性。因此，我们应该将赛事的普及程度提升到一个更高的层次，而不是过度集中资源在学校体育活动上。为了使学校体育竞赛能够更好

地服务于学生健康，需要对学校体育赛事进行改革与创新。政府的管理机构需要跳出传统的主导思维，更多地利用社会资本和社会关系等资源，并将学校体育赛事的组织管理权限下放。学校可以通过与社会力量合作举办一些适合学生参与和喜爱的项目，以提高学校体育的吸引力。

尽管如此，我国的基层非盈利学校体育赛事组织仍需与社会资源紧密合作，在教育部的鼎力支持和严格监督下，推进学校体育赛事的开展。我们应采纳以社会为主导的体育组织策略，确保更多的资源流向各个层级的学校体育赛事。在教育行政部门的鼎力支持下，通过行政指令和各种政策优惠，确保学校体育工作在社会团体的引导和推动下得到有效实施。同时，政府相关部门应负责指导和协调各种资源的分配，以促进学校体育赛事体系的持续发展。

四、构建营销系统，打造赛事品牌

学校体育赛事体系的发展离不开营销系统，这一系统涵盖了"赛事产品""赛事推广""赛事赞助"以及"营销渠道"四大核心组成部分。目前，我国高校举办体育赛事还处于初级阶段，主要原因就是没有形成一套成熟有效的营销系统。

学校体育不仅是教育体系的一个组成部分，还应通过科学的推广方法来组织学校体育赛事。教育行业是一个独特的领域，与行政、工商、金融、建筑和农业等其他行业有所不同。在市场经济条件下，学校体育的运作必须遵循市场规律。国家始终坚持"教育是一种产业，但不能实现产业化"的观点。因此，在学校举办的体育赛事不应该只追求经济效益，更重要的还是社会效益和生态效益。既然教育被视为一种产业，那么它的运营不仅仅是简单的管理活动，而是由教育的实际状况所决定的。

学校体育赛事作为一种新兴的体育运动项目，具有一定的商业属性，并在我国得到了快速的普及与发展。虽然学校的体育比赛不能像商品那样完全商业化和市场化，但它在塑造和改变学生的价值观、生活态度和世界观方面也起着至关重要的作用。学校体育作为一种文化现象，具有鲜明的社会属性和经济特性，对学校体育产业的形成与发展起着积极的推动作用。

为了支持和推动其进一步发展，有必要制订专门针对教育产业的政策措施。我国政府应重视并积极推动学校体育赛事的开发与运营，通过举办各类学校体育赛事，培养更多优秀体育后备人才，满足社会对高水平体育运动项目人才的需求，实现社会效益最大化。为了提升学校体育赛事的品牌建设和产品质量，我们需要加强赛事的标准化和竞赛水平，改进赛事的形式，加大赛事市场活动和品牌传播的力度，从而为学校体育赛事品牌建设和产品提升营造一个有利的环境。政府要从政策上引导高校举办具有特色、高水平和高质量的赛事，通过完善赛事管理办法、加大经费投入等措施，推动赛事健康快速地发展。学校体育赛事应始终秉持其公共性质和"教育公平"的发展哲学。在资源有限的地区，应大力推广学校体育赛事，确保贫困地区的学生也能参与其中，从而为教育带来实际效益。这不仅是学校体育赛事的职责和义务，更是其教育属性的具体体现。

五、营建环境系统，创造发展空间

我国的环境系统为青少年体育赛事提供了一个有益的生存和成长空间，并在青少年体育赛事体系的进一步发展中发挥了促进作用。本节通过文献资料法、逻辑分析法等方法分析青少年体育赛事体系中环境的特征及其在发挥的功能，主要涵盖了文化背景、认知背景、经济状况以及政治氛围这四大核心元素。其中，教育是环境系统中最重要的因素之一。

政府与社会在学校体育方面的政治背书、经济增长、校园体育文化的塑造以及其对体育活动的影响，都是决定环境系统稳定性和活跃度的关键因素。从整体上看，中国青少年体育赛事体系处于一个较稳定状态，但还需要进一步完善和提高。

在过去的几年中，由于政府加强了体育政策的实施，国家经济持续向好，因此现在迫切需要加强文化和认知环境的培养。同时，由于我国特殊的国情，政治因素对高校体育产生了一定程度的制约和阻碍，使得体育在我国的地位并没有得到应有的提升。我们对学校体育的理解不应仅仅局限于争夺冠军的层次，也不能简单地假设体育在学校教育体系中仅具有形式化的作用，我们需要更加深刻地认识到体育在整个教育体系中的重要性和价值。学校体育与校园文化有着天然联系，是高校思想文化传播的重要渠道。

为了构建和推动学生的全方位成长，我们需要从一个更高的维度来解读体育对学生的深远影响，并深入探讨体育在"培养人"方面的核心价值。学校应该以健康第一的指导思想为准则，将体育作为素质教育的重要组成部分，重视学生身体素质和运动能力的培养，使他们养成良好的体育锻炼习惯，树立终身体育意识。我们需要重视校园体育文化环境的建设，为体育赛事的持续传承和进一步发展提供一个良好的环境，并通过学校体育赛事的持续发展来塑造学校独有的体育文化氛围。同时还要重视体育课程资源开发，使体育课成为丰富校园文化的载体。通过举办各种赛事活动，我们可以为校园体育创造一个积极的氛围，并鼓励学生更多地参与体育活动。让体育精神融入每个人，从而使每个人都能成为社会的主人。我们必须明白，体育在学生的日常生活中起到了不可或缺的作用，通过学校的体育比赛，我们可以培育学生对体育的终身热情和习惯，进一步促进他们健全的人格成长，确保他们人生的全方位发展。

六、营造健康积极充满活力的青少年体育氛围

体育氛围不仅包括体育运动的物质氛围，还体现其心理氛围。相对充足的体育场馆设备是青少年参与体育运动的物质基础。鼓励加大竞赛场馆设施建设，大规模举办不同地区、不同系统、不同层次的青少年体育比赛，特别是在不同经济发展条件的地区，组织和支持竞赛场馆设施建设。在物质条件允许的情况下，更需要调动青少年的体育热情，提高青少年参与体育的意识。通过青少年亲身体验参加体育运动所带来的情感体验，培养他们对体育的感情。这些体育课程必须与学校体育结合起来，以多样化的体育竞赛为内容，以体育竞赛来提高青少年对体育运动的兴趣。这些体育观念的变化，首先应该体现在重大的青少年体育比赛中，比如全国性或地区性的比赛。每一次精心组织的体育比赛都应该成为下一阶段青少年体育比赛的典范，通过现代多媒体宣传体育比赛的理念和理念下体育内容的表现形式，最重要的是为体育教学的建立带来启发，形成政府举办青少年体育赛事公共服务的长效机制。

七、处理好体育元素与青少年成长的关系

"体育与文化的融合"被视为现代奥林匹克运动的核心理念和宣言。奥林匹克精神体现在它所追求的体育竞技中，而这一理念又被运用到了学校体育教育当中。奥林匹克运动会最初的宗旨是教导年轻一代，在今天的奥林匹克精神中包含许多对青少年成长有价值的东西。年轻人被多种社会要素所吸引，他们需要一个榜样，鼓励大家相互借鉴，从而确立自己的价值和人生哲学。奥林匹克精神对培养青少年具有重要意义。对绝大部分的青少年来说，体育活动是他们的首要选择。

通过举办大型体育赛事，可以促进青少年参与体育锻炼。通过举办大规模

的体育赛事，为青少年营造一场充满欢乐和青春活力的体育教育盛会，更有可能激发广大青少年的情感共振。在举办大型体育赛事时，除了关注竞技水平之外，还应该充分重视体育文化教育内涵的挖掘和运用。

成功举办的青少年体育赛事不只是关注赛事的转播和体育教育文化的传播，更要将比赛前、比赛后和比赛中看作一个有机的整体，构建一系列融合了青少年教育和体育文化元素的活动。在众多的体育项目当中，青奥会无疑是其中最值得关注与研究的内容之一。

比如，新加坡青奥会所设计的文化和教育项目具有极高的参考价值。在新加坡举办奥运会之前，新加坡政府已经开始着手策划并实施了一项名为"青奥会"的重大工程。第一，他们将其命名为文化和教育计划（CEP），该计划的核心理念包括奥林匹克精神、健康模型、社会责任感、技能提升和沟通方式。第二，青奥组织设计了不同类型的活动，并对这些活动内容进行整合。该主题节目涵盖了探索活动、生存之旅、社区体验、世界文化、艺术表演、选手交流和探索孤岛等多个方面，通过更精细和具体的活动来展现主题，赢得了青少年运动员和社会各界的广泛喜爱和关注。第三，在青运会上还开展了丰富多彩的艺术展演和比赛，丰富了青运会的内容和形式。接下来，青奥会与城市之间的互动理念如何运作。在青奥会期间开展了一系列的相关项目宣传推广工作，内容涵盖运动的介绍、展示、面向少儿的挑战以及运动竞赛的详细执行和策划，以满足各种运动爱好者的多样化需求。第四，青少年奥林匹克精神培养模式研究。我们致力于创建一个积极、健康的青少年体育环境，鼓励更多的青少年参与体育活动，亲身体验体育的魅力，感受城市的新面貌，并努力将体育与城市完美结合，为青少年创造一个健康成长的社会环境。第五，通过对日本东京奥运会、美国洛杉矶奥运会、韩国大坂奥运会等国际顶级赛事成功举办经验的分析，总结出它们对促进青少年体育事业发展方面值得我国学习与参考的成功经验。

我们可以从奥运经验中学习，如何将教育与体育活动紧密结合，并围绕特定的主题进行分层和分类的体育竞赛组织。主要涉及两个方面：一是体育赛事的宣传，二是体育竞赛主题的核心思想。利用体育赛事作为平台，设计赛事的核心理念，同时减少对金牌夺标的过度重视。通过举办各类比赛，促进学校体育改革发展，推动学校体育向纵深方向发展。该项目的核心目标是提高青少年参与体育活动的频次和目标人群，基于此，我们设计了一种自然竞技模式，旨在进一步提升青少年的运动技能，培育竞技体育专才。

八、培育我国的体育志愿者文化

在我国，群众体育俱乐部的成长仍然处于初级阶段，这些俱乐部并不具备公共福利的特性，而体育志愿者的核心任务是为大规模的体育赛事提供服务。因此，体育志愿者与其他组织相比更多地体现出公益性和非营利性的特征。至今，我国尚未建立起稳固的志愿体育文化体系，志愿文化的演变是一个相对较长的历程，并且它是推动社会志愿服务兴盛的关键动力。

从世界范围来看，发达国家已经形成了成熟的志愿体育文化。比如，澳大利亚在体育界有着深厚的志愿服务文化传统，大约有230万人在社区体育俱乐部中担任志愿者角色。澳大利亚的一些著名大学都成立了专门的学生组织，如悉尼市的学生联合会、布里斯班的学校学生会以及墨尔本地区的青少年协会等。

学生父母经常主动为他们的孩子所在的社区体育俱乐部提供各种形式的志愿援助和服务。此外，还有一些家长希望通过参加学校组织的活动来丰富自己的业余生活。拥有专业知识的家长通常会扮演教练的角色，而其他的家长也会以管理者或服务人员的身份支持社区体育俱乐部的发展。

澳大利亚家庭中的体育志愿者主要由学校教师、体育老师等组成。在澳大利亚，以多种身份参与社区体育俱乐部活动已经变成了家庭生活中不可或缺的一部分。体育志愿者文化是澳大利亚体育志愿者社会价值的集中体现，它有助于增强居民对社区体育俱乐部的认同感，有利于提高社区体育组织管理效率，并能提升公民的公共意识与素养。

我国应当重视体育志愿者文化的培养和研究，制订相应的体育志愿者文化发展策略，并通过各种途径和方法来培养我国的体育志愿者文化。

在中国式体育现代化的进程中，完善青少年体育竞赛体系是体育强国建设的必然之举。在新的历史节点上，对青少年体育竞赛体系的现实形态进行回望与审视，并对将要走的路向进行探求具有重要的现实意义。从体教配合，到体教结合，再到现在的体教融合，教育与体育的联系不断加强，党和国家对教育和体育的治理体系不断完善发展，深化体教融合已然成为实现全民健康、青少年体质健康水平提高和竞技体育发展，迈向体育强国的必经之路。

青少年体育竞赛体系的优劣直接关乎学校体育工作的质量和竞技体育人才培养的成效，从人的全面发展、竞技体育后备人才培养和学校体育改革等三个维度来看，实现青少年体育竞赛体系的现代化具有重要的价值。应把握好体教融合的新机遇，推动教育部门和体育部门建立良好的沟通交流机制，落实各方主体责任，共同推动体教融合中青少年体育竞赛体系的完善和发展，处理好竞技体育后备人才培养和学校体育发展的相互关系，加大竞赛资源供给，落实"教会、勤练、常赛"，推动运动项目的普及推广，带动更多青少年参与体育竞赛，完善教学、训练和竞赛体系，破除竞赛是少部分人专利的现象，彻底解决青少年体质健康水平不理想和体育竞技后备人才不足的难题，为中华民族伟大复兴贡献力量。

参考文献

[1] 王玉华，周建东．体育类研学旅行的开展现状与课程开发研究——以临淄蹴鞠为例 [J]．青少年体育，2019，73（5）：65-66+90.

[2] 郭振，王松，刘波，等．新时代体教融合的概念、价值与实践路径探析 [J]．体育科学，2022，42（2）：21-29.

[3] 罗恒．体教融合背景下我国青少年体育赛事体系发展研究 [J]．体育研究与教育，2021，36（5）：63-68.

[4] 季浏，马德浩．新时代我国学校体育改革与发展 [J]．体育科学，2019，39（3）：3-12.

[5] 张震．中国共产党建党百年来竞技体育的发展逻辑与历史经验 [J]．首都体育学院学报，2021，33（3）：248-256.

[6] 罗赣．"双减"背景下我国学校体育价值自觉的实现路径 [J]．哈尔滨体育学院学报，2022，40（1）：75-80.

[7] 张祥府，孙晋海，代刚．共同体视域下我国青少年竞技体育后备人才培养的历史演进、逻辑理路与展望 [J]．成都体育学院学报，2022，48（2）：138-142.

[8] 陈宁．"体教结合"模式实践进程的再认识 [J]．成都师范学院学报，2020，36（9）：1-7.

[9] 魏艺．我国"体教融合"政策解析与一体化治理研究——基于"情境 - 结构 - 行为"的三维分析 [J]．湖北体育科技，2021，40（5）：462-466.

[10] 李爱群，吕万刚，王相飞，等．理念·方法·路径：体教融合的理论阐释与

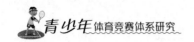
实践探讨——"体教融合：理念·方法·路径"学术研讨会述评 [J]. 武汉体育学院学报，2020，54（7）：5-12.

[11] 吴建喜，池建. 论我国竞技体育发展方式转变中体教结合向体教融合的嬗变 [J]. 北京体育大学学报，2014，37（4）：88-93.

[12] 马玉芳，李勇. 关于我国实施"体教融合"的体制难点及制度设计的研究 [J]. 体育与科学，2014，35（3）：88-92+110.

[13] 杨蒙蒙，吴贻刚. 体教融合背景下学校体育竞赛体系价值、困境与完善路径 [J]. 体育文化导刊，2021（10）：96-102.

[14] 孙德朝. 在模糊中追求清晰：对近30年我国运动竞赛学教材内容体系的思辨 [J]. 山东体育学院学报，2015，31（1）：106-113.

[15] 黄雅鑫，王广城. 体教融合背景下青少年参与体育竞赛的实施路径 [J]. 田径，2022（4）：10-12.

[16] 邵凯，董传升. 改革背景下我国体育事业发展的公共价值回转——基于3个关键事件的解读 [J]. 南京体育学院学报（社会科学版），2015，29（3）：43-49.

[17] 尤佳. 体教融合背景下我国青少年足球竞赛治理研究 [D]. 天津：天津体育大学，2022.

[18] 龚波，陶然成，董众鸣. 当前我国校园足球若干重大问题探讨 [J]. 上海体育大学学报，2017，41（1）：61-67.

[19] 毛振明. 新校园足球的成果审视与发展建言 [J]. 上海体育大学学报，2018，42（4）：7-11.

[20] 刘海元，展恩燕. 对贯彻落实《关于深化体教融合 促进青少年健康发展的意见》的思考 [J]. 体育学刊，2020，27（6）：1-11.

[21] 毛振明，查萍，洪浩，等. 从"体教分离"到"体教融合"再到"体回归教"的中国逻辑 [J]. 体育学研究，2021，35（4）：1-8.

[22] 柳鸣毅，丁煌.我国体教融合的顶层设计、政策指引与推进路径 [J].上海体育学院学报，2020，44（10）：13-27.

[23] 钟秉枢.问题与展望：体教融合促进青少年健康发展 [J].上海体育学院学报，2020，44（10）：5-12.

[24] 柳鸣毅，孔年欣，马艳红，等.体教融合目标新指向：青少年健康促进与体育后备人才培养 [J].体育科学 2020，40（10）：8-20.

[25] 孙科，等.中国特色体教融合发展思考——对《关于深化体教融合 促进青少年健康发展意见》的诠释 [J].成都体育学院学报，2021，47（1）：13-20.

[26] 周爱光.体教融合背景下我国学校体育改革的思考 [J].体育学刊，2021，28（2）：1-6.

[27] 王家宏，董宏.体育回归教育：体教融合的现实选择与必然归宿 [J].北京体育大学学报，2021，44（1）：18-27.

[28] 毛振明，夏青，钱娅艳，等.论体教融合的问题缘起与目标指向 [J].体育学研究，2020，34（5）：7-12.

[29] 刘波，郭振，王松，等.体教融合：新时代中国特色竞技体育后备人才培养的诉求、困境与探索 [J].体育学刊，2020，27（6）：12-19.

[30] 杨桦，刘志国.体教融合：中国特色竞技体育后备人才培养模式转化与创新 [J].成都体育学院学报，2021，47（3）：1-8.

[31] 阳艺武，伍艺昭.体教融合背景下青少年体育后备人才培养的现实审视与战略取向 [J].武汉体育学院学报，2021，55（1）：80-86.

[32] 谢云.我国竞技体育后备人才培养：发展现状与路径选择 [J].天津体育学院学报，2022，37（5）：532-538+577.

[33] 杨三军，刘波.深化体教融合促进青少年体质健康的现实诉求、实践路径与保障机制 [J].西安体育学院学报，2021，38（3）：366-371.

[34] 李冲，史曙生.我国青少年体质健康治理现代化：基本逻辑、现实审思与未

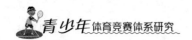

来展望 [J].上海体育学院学报，2022，46（6）：21-30.

[35]　王健，万义.我国青少年体质健康测评的历史演进与生态重建——我们需要
什么样的"体质"[J].武汉体育学院学报，2016，50（2）：5-10.

[36]　季浏，尹小俭，吴慧攀，等."体教融合"背景下我国儿童青少年体质健康
评价标准的探索性研究 [J].体育科学，2021，41（3）：42-54.

[37]　毛振明，邱丽玲，杜晓红.中国学校体育改革与发展若干重大问题解析——
从当下学校体育改革5组"热词"说起 [J].上海体育学院学报，2021，45
（4）：1-14.

[38]　季浏.对我国20年基础教育体育新课改若干认识问题的澄清与分析 [J].上海
体育学院学报，2020，44（1）：21-30.

[39]　许弘，李先雄.改革开放40年学校体育发展的回顾与新时代改革发展的新
定位和新视角 [J].北京体育大学学报，2019，42（5）：34-43.

[40]　柳鸣毅.我国青少年体育赛事体系研究 [D].北京：北京体育大学，2013.

[41]　李卫东.我国青少年校园足球竞赛体系的研究 [D].上海：上海体育学院，
2012.

[42]　岳艳丽.我国青少年竞赛发展研究 [J].体育文化导刊，2011，6（6）：4-7.

[43]　罗时铭.当代中国学校体育的流派与争论 [J].体育学刊，2015，22（6）：29-
36.

[44]　李静波，杨波.我国学校体育竞赛八大问题与对策分析 [J].体育文化导刊，
2010（4）：89-91.

[45]　钟秉枢.体教融合背景下青少年体育赛事体系完善的路径研究 [J].体育学研
究，2020，34（5）：13-20.

[46]　王守力，范美丽，余瑶珍.体教融合背景下单项体育协会的功能维度及其实
现路径 [J].广州体育学院学报，2021，41（4）：23-25+56.

[47]　张晓敏.我国青少年体育竞赛与运动员注册管理的现状研究 [D].重庆：重庆

大学，2014.

[48] 唐丽，吴希林，刘云. 英国竞技体育人才培养及启示 [J]. 体育与科学，2014，
35（5）：80-84.

[49] 周冬，贾文彤. 近 30 年来英国学校体育政策研究 [J]. 河北师范大学学报（教育科学版），2015，17（4）：98-102.

[50] 徐瑶. 英国学校体育教育中青少年体育竞赛方法的设计 [J]. 体育世界（学术版），2020（1）：139-140.

[51] 李晓鹏，汪如锋，李思伟. 德国体育俱乐部体制与高校体育运动协会对"体教融合"背景下我国高校体育发展的当代启示 [J]. 山东体育科技，2022，44（1）：59-66.

[52] 姜恺健，彭国强. 德国竞技体育后备人才培养的特征及其启示 [J]. 吉林体育学院学报，2022，38（5）：59-66.

[53] 王家宏，魏磊. 美国中学体育竞赛的特征及启示 [J]. 体育学刊，2014，21（6）：113-115.

[54] 赫立夫，张大超. 美国中学体育竞赛体系及其启示 [J]. 中国体育科技，2016，52（3）：41-47.

[55] 范非非. 美国青少年体育赛事利益相关者协同治理研究 [D]. 武汉：华中师范大学，2017.

[56] 李欣玥. 澳大利亚中小学体育竞赛体系研究及启示 [J]. 体育成人教育学刊，2019，35（2）：74-77+94.

[57] 成亮. 日本学校体育课程的设置及其启示 [J]. 教学与管理，2018（3）：122-124.

[58] 李波，朱琳琳. 从日本体育"部活"的发展与实施反观我国学校体育教育 [J]. 体育科学，2020，40（7）：88-97.

[59] 教育部，国家体育总局，共青团中央. 教育部 国家体育总局 共青团中央

关于举办中华人民共和国第十二届学生运动会的通知：教体艺函 [2013]4 号 [A/OL].(2013-07-04)[2013-07-12].https://www.moe.gov.cn/srcsite/A17/ moe_1061/s3289/201304/t20130408_150655.html.

[60] 国务院办公厅. 中国足球改革发展总体方案的通知：国办发〔2015〕11 号 [A/OL].（2015-03-08）[2015-03-16].http://www.gov.cn/zhengce/content/2015-03/16/content_9537.htm.

[61] 赵亮，韩炜，刘志云，等. 我国青少年足球竞赛体教融合发展的时代诉求与推进路径 [J]. 山东体育学院学报，2022，38（4）：85-93+118.

[62] 全国青少年校园足球领导小组. 全国青少年校园足球发展报告：2015-2017[M]. 北京：北京体育大学出版社，2018：3-12.

[63] 郝文鑫，方千华，蔡向阳，等. 我国新校园足球竞赛体系的运行现状考察与治理路径研究 [J]. 武汉体育学院学报，2020，54（7）：87-93.

[64] 袁田. 新校园足球发展的新困境及新思路———德国青少年足球运动员培养对我国校园足球的启示 [J]. 武汉体育学院学报，2018，52（2）：76-81.

[65] 舒川，吴燕丹.USYS 运动员培养体系对我国校园足球发展的启示 [J]. 中国体育科技，2015，51（3）：56-62.

[66] 张利超，李文浩，董国民，等. 深化体教融合：我国青少年篮球竞赛体系一体化建设路径研究 [J]. 山东体育科技，2022，44（4）：42-48.

[67] 贾志强，董国民，贾必成，等. 新时代我国篮球项目青少年创新人才培养体系的路径选择与对策研究 [J]. 北京体育大学学报，2020，43（4）：1-10.

[68] 许秋红，明洁，朱海明，等. 江苏省青少年体育竞赛体系实践探索 [J]. 体育与科学，2021，42（2）：94-99

[69] 刘伟. 我国教体结合模式的困境及破解方案 [J]. 体育文化导刊，2018（11）：115-119+152.

[70] 杨国庆. 中国体教融合推进的现实困境与应对策略 [J]. 成都体育学院学报，

2021，47（1）：1-6.

[71] 尚力沛.新时代体教融合的时代意涵、实践要求与推进策略 [J].体育文化导刊，2020（11）：32-37+44.

[72] 中共中央办公厅，国务院办公厅印发《关于构建更高水平的全民健身公共服务体系的意见》.[EB/OL][2022-3-23].http://www.gov.cn/zhengce/2022-03/23/content_5680908.htm.

[73] 王义平，郑婕.我国学校竞技体育人才培养竞赛管理体系研究 [J].山东体育学院学报，2013，29（3）：86-91.

[74] 柳鸣毅.我国青少年体育赛事体系研究 [D].北京：北京体育大学，2013.

[75] FERRAND A, MCCARTHY S. Marketing the sports organization: building networks and relationships [M]. New York: Routledge, 2009.

[76] STUART B, ISTVANS, NIKOS C. Chatzisarantis N.Predicting physical activity intentions using goal perspectives and self － determination theory approaches[J]. European Psychologist, 1999, 4(2):83-89.

[77] 孙延林，刘立军，叶加宝，等.青少年体育活动中的内部动机和目标定向研究 [J].天津体育学院学报，2006（2）：108-110.

[78] 张文鹏.英国青少年体育政策的治理体系研究 [J].北京体育大学学报，2017，40（1）：71-77.

[79] WALTER G，TACON R，TRENBERTH L. The Role of the Board in UK National Governing Bodies of Sport [Z]. Birkbeck Sport Business Center，2011.

[80] 马德浩.英国、美国、俄罗斯竞技体育管理体制演进趋势及其启示 [J].天津体育学院学报，2018，33（6）：516-521.

[81] 罗时铭.当代日本学校体育与社会体育研究 [D].北京：北京体育大学.

[82] 宋佳麟.美国业余训练法及其启示 [D].湘潭：湘潭大学，2007（3）.

[83] 赵东平.美国业余体育法及其对中国的启示暨南学报（哲学社会科学版），

2011（3）：73-77

[84] 赵梦迪，赵文革.美国高校体育竞赛管理体制的研究 [J].冰雪体育创新研究，2020，（24）：75-76.

[85] HILL J. Sport, Leisure and Culture in Twentieth-Century Britain [M].Palgrave Macmillan, 2002:165-178.

[86] ROBB M.Youth in Context: Frameworks, Settings and Encounters[M].London: Sage Publication/The Open University, 2007c: 5-11.

[87] BLOYCE D. SMITH A. Sport Policy and Development[M]. London: Routledge, 2009: 18.

[88] A sporting future for all[S]. Department of Culture, Media and Sports(DCMS), 2000:18.

[89] 王英峰.英国体育管理组织体系研究 [D].北京：北京体育大学，2010.

[90] Office of Qualifications and Examinations Regulation. GCSE Subject Criteria for Physical Education[Z]，2011-09-10: 3-5.

[91] 董翠香，朱美珍，季浏.发达国家学校体育发展方式及其对我国的启示 [J].体育学刊，2012，19（4）：72-76.

[92] DONOVAN M, JONES G, HARDMAN K. Physical Education and sport in England: Dualism, partnership and delivery provision[J].Physical Education and Sport, 2006(3): 22-25.

[93] BRIDGE M.W., TOMS M.R. M RToms.The specialising or sampling debate：a retrospective analysis of adolescent sports participation in the UK[J].Journal of Sports Sciences, 2013, 31(1): 87-96.

[94] 马迎华，廖文科.英国和荷兰预防性病艾滋病学校健康教育现状 [J].中国学校卫生，2004（1）：75-76.

[95] GORELY T, ATKIN A J, BIDDLE S J. Family circumstance，sedentary behaviour

and physical activity in adolescents living in England: Project STIL[J].International Journal of Behavioral Nutrition and Physical Activity, 2009, 6(1):1722-1726.

[96] GREEN K. Understanding Physical Education[M].SAGE Publications Ltd, 2008(5): 42-45.

[97] GREEN M. Podium or participation? Analysing policy priorities under changing modes of sport governance in the United Kingdom[J].International Journal of Sport Policy and Politics, 2009, 1(2): 121-144.

[98] PHILLPOTS L. An analysis of the policy process for physical education and school sport: the rise and demise of school sport partnerships[J].International Journal of Sport Policy and Politics, 2013,5 (2): 193-211.

[99] GRIFFITHS G, BILLARD R. The fundamental movement skills of a year 9 group and a gifted and talented cohort[J]. Advances in Physical Education, 2013, 3(4):215-220.

[100] MEAR D, FLETCHER T. The physical education and sport premium: Social justice, autonomy and school sport policy in England[J].International Journal of Sport Policy and Politics, 2019, 12(2): 237-253.

[101] 宋娜梅. 英国塞恩斯伯里少年儿童体育支持计划研究 [J]. 首都体育学院学报，2017，29（5）：408-410.

[102] 马忠利. 俄罗斯体育重归政府管理的过程及缘由探析 [J]. 成都体育学院学报，2008，（3）：8-11.

[103] 张莉清，陈同童. 俄罗斯青少年体育制度研究 [J]. 青少年体育，2017（10）：139-140+110.

[104] 曲国洋. 详解《日本体育立国战略》[J]. 山东体育学院学报，2014，30（1）：11-16.

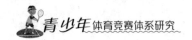
[105] 谢尚森，张婧茹 . 美国、日本体育健康政策比较及对中国的启示 [J]. 阜阳师范大学学报（社会科学版），2022（1）：147-156.

[106] 张莉清，杨清华 . 美国青少年体育制度研究 [J]. 青少年体育，2017（9）：139-140+108..

[107] 谢晨 . 美国青少年体育参与的组织支撑研究 [D]. 北京：北京体育大学，2013.

[108] 水杉斌，姚远 . 教体融合视阈下青少年体育竞赛多元共治实现路径探究 [J]. 辽宁体育科技，2021，43（5）：104-107.

[109] 杨桦 . 深化体育改革推进体育治理体系和治理能力现代化 [J]. 北京体育大学学报，2015，38（1）：1-7.

[110] 惠陈隆 . 我国青少年体育竞赛资源整合的现状分析与对策研究 [J]. 北京体育大学学报，2014，37（7）：23-30.

[111] 赵晓东，刘振，柯勇 . 基于补短板视角下学校体育赛事发展的现实审视与路径选择 [J]. 体育文化导刊，2021（8）：85-90+102.

[112] 江西省体育局 .2021 年江西省体育场地统计调查主要数据 [EB/OL]. 江西省人民政府网 .（2022-6-16）[2023-3-12]]. http://www.jiangxi.gov.cn/art/2022/6/16/art_5522_3997219.html.

[113] 国家体育总局体育经济司 .2021 年全国体育场地统计调查数据 .[EB/OL]. 国家体育总局官网 .（2022-4-29）.[2023-3-11]. https://www.sport.gov.cn/jjs/n5043/c24251191/content.html.

[114] 杨桦 . 中国体育治理体系和治理能力现代化的概念体系 [J]. 北京体育大学学报，2015，38（8）：1-6.

[115] 周生旺，徐璟，尹继林，等 . 全民健身多元主体协同治理研究 [J]. 沈阳体育学院学报，2018，37（1）：35-40+56.

[116] 于善旭 . 论法治体育在推进体育治理现代化中的主导地位 [J]. 上海体育学院学报，2014，38（6）：1-6.

[117] 张新萍，卢元稹．异化与回归——对当前体育赛会发展的理性审视 [J]．武汉体育学院学报，2012，46（5）：5-9+18．

[118] 郝家春，张铁明．我国体育社团的制度环境与发展对策研究 [J]．沈阳体育学院学报，2016，35（4）：33-37+53．

[119] 李金锁，张艳芳．体育治理的概念内涵与实现路径 [J]．广州体育学院学报，2019，39（6）：11-14．

[120] 唐刚，彭英．多元主体参与公共体育服务治理的协同机制研究 [J]．体育科学，2016，36（3）：10-24．

[121] 韦庆峰，刘波，张永韬．市场在我国体育治理现代化中的价值、效力空间及其保障机制 [J]．体育文化导刊，2019（10）：43-48．

[122] 汪文奇，金涛．新时代我国体育治理格局的转型改造：由"强政府弱社会"转向"强政府强社会" [J]．武汉体育学院学报，2018，52（7）：12-18．

[123] 邱婷，姜韩，柳鸣毅．我国青少年体育竞赛改革路径研究 [J]．体育文化导刊，2014（8）：5-8．

[124] 黎霞芳，罗林．体育善治的显现空间与理性选择 [J]．武汉体育学院学报，2017，51（10）：32-36．

[125] 胡小明．从"体教结合"到"分享运动"—探索竞技运动后备人才培养的新路径 [J]．体育科学，2011，31（6）：5-9．

[126] 体育总局，教育部．关于印发深化体教融合促进青少年健康发展意见的通知 [S].2020：（10）．

[127] 人民网．体育总局办公厅关于公布第十三届全运会和第一届全国青运会注册和代表资格确定办法的通知 [EB/OL].http:// sports.people.Com.cn/n/2014/0130/c22176-24268876.html.

[128] 廖文科．加强青少年体育必须尽快解决的四个突出问题 [J]．武汉体育学院学报，2008（7）：15-18．

[129] 胡锦涛．胡锦涛在中国共产党第十八次全国代表大会上的报告 [EB /OL]（2012-11-08）[2012-11-18].http://cpc.people.com.cn/n/2012/1118/c64094-19612151-7.html.

[130] 魏磊．我国学校体育竞赛的开展现状与发展对策 [J].体育科研，2014（6）：78-81.

[131]《中国学校体育发展报告》编写组．中国学校体育发展报告（2016）[M].北京：高等教育出版社，2018.

[132] 魏磊．美国学校体育竞赛差异化研究 [J].北京体育大学学报，2015（3）：116 -121.

[133] 国家体育总局．青青少年体育"十三五"规划 [Z/OL].(2016-09-20)[2016-09-20]https://www.sport.gov.cn/n20001280/n20067626/n20067732/c20201413/content.html.

[134] 柳鸣毅，但艳芳，张毅恒．中国体育运动学校嬗变历程、现实问题与治理策略研究 [J].体育学研究，2020，34（3）：64-77.

[135] 杜大勇，孙鹏，李跃海．辽宁省竞技体育后备人才的培养现状与发展趋势 [J].武汉体育学院学报，2005（2）：12-14.

[136] 吴爱兵．安徽省田径后备人才培养对策研究 [J].体育文化导刊，2015（11）：83-86.

[137] 罗燕．浙江省女子七项全能运动成绩下滑的影响因素及其破解路径研究 [J].广州体育学院学报，2020，40（5）：90-94.

[138] 高松山．河南省竞技体育现状及其后备人才培养对策研究 [J].体育科学，2005（2）：26-30.

[139] 郭开强，刘建平，刘琪．江西高校竞技体育后备人才培养的对策研究 [J].北京体育大学学报，2006（2）：177-178+181.

[140] 唐炎，陈佩杰．体教融合发展中的高考动力因素 [J].上海体育学院学报，2020，44（10）：28-33+47.

[141] 中国政府网 . 体教融合促进青少年健康发展竞技体育后备人才培养基于三大阵地 [EB /OL].http://www.Gov.cn /xin-wen/2020-09/23/content_5546181.

[142] 李波，丁洪江，朱琳琳 . 新时代体教融合的再考量 [J]. 体育学研究，2020，34（5）：31-40.

[143] 张冰，程天君 . 新中国成立以来学生"减负"历程的回顾与反思 [J]. 教育科学，2019，35（6）：33-39.

[144] 周星栋，肖丹丹，张瑛秋 . 乒乓球后备人才培养中的学训矛盾及对策研究 [J]. 体育文化导刊，2018（5）：62-67.

[145] 郭建军 . 加强青少年体育工作培养优秀竞技后备人才 [J]. 北京体育大学学报，2014，37（4）：1-9.

[146] 姚远，李军岩 . 我国学校体育赛事体系研究 [J]. 体育文化导刊，2018（12）：119-124.

[147] 曹源 . 新时代背景下我国高校体育品牌赛事建设研究——以中国大学生足球联赛（CUFA）为例 [D]. 云南师范大学，2021.

[148] 吉林省体育局 .2022 年度吉林省体育场地统计调查数据公告 [S].(2023-04-19)[2023-04-19].https://xxgk.jl.gov.cn/zsjg/tyj/xxgkmlqy/202304/t20230419_8695576.html

[149] 国家体育总局官网 . 2021 年全国体育场地统计调查数据，[2022-4-29]，https://www.sport.gov.cn/jjs/n5043/c24251191/content.html..

[150] 骆秉全，庞博 . 北京市校园足球竞赛体系运行现状研究 [J]. 首都体育学院学报，2019，31（2）：157-165.

[151] 戴国斌，曹可强，郑国华，等 . 中国式体育现代化的文化逻辑 [J]. 体育学研究，2023，37（1）：15-21.

[152] 柳鸣毅，龚海培，胡雅静，等 . 体教融合：时代使命·国际镜鉴·中国方案 [J]. 武汉体育学院学报，2020，54（10）：5-14.

[153] 郭可雷，刘超，李蓉，等 . 初中体育课程与体育竞赛设置的经验与启示 [J].

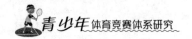

体育教学，2021，41（2）：39-41.

[154] 早稲田大学 競技スポーツセンター. Waseda Athlete Program[EB /OL].[2021-07-08]. https://www.waseda.jp/inst/athletic/wasedasports/program/.